축구 잘하는 법
어린이를 위한 축구 기술 입문

호사카 노부유키 지음 김연한 옮김

GRI.JOA FC

이 책을 읽는 분들에게

'어린 시절엔 어떤 축구를 배워야 할까?'

축구선수였던 저에게 아이가 생겼을 때, 이런 생각이 들었습니다. 저는 드리블로 상대 선수를 제치는 게 재미있어서 누가 뭐라든 드리블을 멈추지 않았습니다. 그래서 어린 친구들에게 축구를 가르칠 때도 제 스타일을 전하고 싶었어요.

고등학생 시절, 월드컵에서 마라도나가 다섯 명을 제치고 골을 넣는 모습을 보고 '나도 할 수 있다'고 생각했습니다. 저도 초등학교 때부터 수없이 비슷한 장면을 만들었으니까요. 나중에 깨달았지만, 당시 코치님이 그런 제 플레이를 좋게 봐주고 마음대로 하게 놔둔 덕분이라고 봅니다. 어린 친구들에게 축구를 가르친다는 것은 한 사람의 축구 인생을 좌우하는 일이고, 길게 보면 미래의 축구를 지금부터 책임지는 일입니다. 그래서 제가 가르치는 축구와 제 플레이가 절대로 모순이 있어서는 안 된다고 생각했습니다.

아이디어가 많아서 자유를 주면 질 높은 플레이를 보여줄 수 있는 선수. 여러분을 그런 꿈의 선수로 키우는 것이야말로 드리블러였던 저에게 놓인 사명이라고 생각합니다.

우선은 여러분에게 축구의 즐거움을 알려주고 싶습니다. 여러분이 어른의 생각에 의존하지 않고 "난 이렇게 하고 싶어!"라고 말하는 걸 듣고 싶습니다. 우리 어른들이 시키고 싶은 축구에 매몰되지 않고, 여러분이 축구의 재미(드리블, 슛, 공 뺏기)를 매일 발견했으면 합

 니다. 그러면서 자연스럽게 공을 다루는 즐거움을 알고, 골을 넣으려는 욕구가 생기면, 비로소 다음 단계로 갈 수 있다고 생각합니다. 그렇게 축구에 푹 빠진 친구들은 경기 중에도 계속 도전을 하겠지요.

 도전과 실패를 되풀이하는 어린 친구들의 모습을 보고 중요한 사실을 깨달았습니다. '어린 선수들은 경기 중 다양한 아이디어를 내서 창의성을 발휘한다. 그러나 한정된 기술로는 그 아이디어를 구현하기 어렵다'는 점입니다. 내가 상대에게서 뺏은 공을 지키고 싶은데, 큰 수비수가 거칠게 방해한다고 합시다. 그 순간, 근처에 있는 동료에게 패스할지 드리블로 제칠지는 '개인 기술'로 결정됩니다.

 축구가 더 즐거워지는 때는 자신이 생각한 아이디어를 그라운드 위에서 표현할 때가 아닐까요? 그러려면 효과적인 개인 기술을 익힐 필요가 있습니다.

올바른 볼 테크닉을 익히면 경기 중 맞닥뜨리는 온갖 상황에서도 다양한 아이디어를 실현할 수 있습니다. 그렇게 키운 자신감과 개성이 '메시처럼 되고 싶다!'는 꿈을 품게 합니다.

"어떤 아이든지 메시가 될 가능성이 있고,
누구도 그 길을 막아선 안 됩니다."

개인 기술은 축구장에서 강한 활력과 자유를 주며, 큰 꿈을 여는 '열쇠'와 같습니다. 그 열쇠를 찾았을 때, 매력적인 축구의 문을 열 수 있습니다.

CONTENTS

제 1 장 개인 기술을 익히자   006

개인 기술을 익히는 까닭   008
볼 필링   026
기본 테크닉 트레이닝   044
유연성과 리듬감 트레이닝   068
페인트   098

제 2 장 상대를 제압하기 위해   112

공 빼앗기   114
공을 차기 / 받기   118
상대를 제치기   128
골로 마무리 짓기   148

지도자와 보호자에게   164

마지막으로 전하고 싶은 말   174

어린이를 위한 축구 기술 입문

제 1 장
개인 기술을 익히자

자신의 몸과 공을 자유롭게 다루는 방법을 설명하겠습니다. 우선 개인 기술을 왜 익혀야 하는지 이해한 다음, 공에 적응하고 페인트로 돌파하는 방법을 배워봅시다.

개인 기술을 익히는 까닭

왜 개인 기술이 필요할까요. 너무나 당연해서 아무도 하지 않는 질문의 답을 여기서 설명하고 가겠습니다.

개인 기술을 익히기 전에 개인 기술을 배우는 목적을 알아봅시다. 개인 기술을 배운다는 것은 (1)볼 감각을 키워 (2)드리블을 익히고 (3)다양한 1대1 돌파 방법에 통달함을 말합니다. 이 과정을 마치면, 상대보다 우위에 설 수 있습니다. 이것이 개인 기술이 필요한 이유입니다.

1. 볼 필링 (Ball Feeling)

볼 필링이란 축구 입문 단계에서 공과 친해져서 볼 감각을 키우는 것을 말합니다. 처음 시작할 때는 일단 공에 익숙해져야 합니다. 공과 친해지면, 드리블 등 다음 단계로 쉽게 나아갈 수 있습니다. 그리고 선수가 경기장에 들어가기 전에 오늘의 볼 감각을 확인하는 데도 볼 필링이 필요합니다.

볼 터치를 세밀하고 정확하게 합시다. 무게 중심을 이동하더라도 균형은 유지합시다. 볼 필링 훈련하는 방법은 26쪽부터 자세히 설명하겠습니다. 우선

축구에서는 온갖 상황에서 '한 발 서기' 자세가 된다. 볼 필링 훈련은 축구의 첫 단계라고 할 수 있다.

기본적인 것을 자연스럽게 할 수 있도록 합시다.

2. 드리블 (Dribble) 이해하기

①드리블이란?

공을 차고 달리는 것만이 드리블은 아닙니다. 드리블은 공을 운반하고 그 라운드 위에서 시간과 공간을 만들어내는 단 하나의 방법입니다.

좋은 드리블

좋은 드리블은 공이 몸에서 너무 떨어지지 않는다. 드리블은 공을 안전하고 확실하게 운반하는 방법이다. 그래서 무조건 빠르다고 좋은 건 아니다. 자신이 조절할 수 있는 스피드를 아는 것도 중요하다.

②드리블의 종류

앞에서 설명한 바와 같이 드리블에는 몇 가지 종류가 있고 목적이 각각 다릅니다.

a. '상대를 제치기 위한'(돌파) 드리블

슛, 라스트 패스, 크로스를 하거나 돌파하는 데 필요한 드리블입니다. 훌륭한 축구 선수가 되려면 때로는 승리보다 더 중요한 것이 있습니다. 그것은 '눈앞의 상대에게 이기는 것'입니다. 선수가 자신의 능력으로 수비수를 제칠 수 있어야 합니다.

공을 빼앗기는 것이 무서워서 쉬운 패스만 하거나 앞으로 길게 차기만 해서는 경기에서 이겨도 훌륭한 선수가 될 수 없습니다. 무엇보다 축구가 재미없어집니다. 강한 상대에게 도전하려는 자세가 없으면, 이길 수 없기 때문입니다.

상대를 제치는 드리블을 잘하려면, 자신감과 재치가 필요합니다. 그러나 자신감을 얻으려면 어느 정도 시간이 필요합니다. 공을 자주 다루면서 다양한 기술을 자기 것으로 만드는 데 온 힘을 기울여야 합니다. 처음엔 기초적인 개인 기술을 익혀야 합니다. 그러면서 자신만의 기술을 익히고 그걸 자유자재로 구사할 수 있을 때까지 몇 번이고 반복합니다. 되풀이해서 연습하면 자신이 붙습니다. 자신 있게 경기하면 아이디어가 샘솟게 됩니다. 머리를 써서 자신의 몸과 공을 자유롭게 다룰 수 있게 되

드리블 돌파

공을 받으면 먼저 상대를 제치려는 의욕이 있어야 한다. 골문으로 돌진하는 모습을 보여 주지 않으면 상대는 나를 두려워하지 않는다.

면, 눈앞의 상대도 원하는 대로 조종할 수 있습니다. 상대를 제치고 슛이나 크로스를 계속 시도하면, 상대에게도 경기에서도 이길 수 있습니다.

공격수에게만 필요한 자세는 아닙니다. 상대를 제치고 돌파하는 드리블은 수비수에게도 중요합니다. 공을 빼앗은 수비수가 동료에게 바로 패스하지 않고 상대 선수를 제치고 공격할 수도 있으니까요. 그런 플레이가 재미있는 축구를 만들어갑니다.

b. '공을 지키는'(keep) 드리블

'상대에게 공을 빼앗기지 않는 기술'은 뛰어난 선수가 되기 위해 꼭 필요합니다. 공을 빼앗기지 않으려면, 적으로부터 몸과 팔로 공을 지키면서 거리를 떨어뜨려야 합니다. 이것을 '볼 키핑(ball keeping)'이라고 합니다. 그럼 볼 키핑의 의미와 방법을 생각해봅시다.

경기 중 적에게서 빼앗은 공을 쉽게 다시 빼앗기면 이기기 어렵습니다. 설령 좋은 흐름을 타서 경기를 우세하게 이끌던 팀이라도 공 한 번 빼앗겨서 지는 일이 종종 있습니다. 그건 개인의 플레이에서도 똑같아서 경기 시작하자마자 공을 빼앗기면, 실수가 이어지고, 너무 신중해져서 소극적으로 되기 쉽습니다.

축구에는 '공을 빼앗기면 안 되는 곳과 상황'이 있습니다. 빼앗기면 안 되는 곳은 자기편 골문 앞과 최종 수비 라인이고, 빼앗기면 안 되는 상황은 수비에

서 공격으로 전환할 때, 공을 가진 몸이 자기편 문전을 향했을 때입니다. 그 상황에서는 공을 절대로 빼앗기면 안 됩니다! 무조건 공을 지켜야 합니다.

뛰어난 선수가 되기 위해선 '볼 키핑'의 의미를 잘 이해해야 합니다. 공을 키프(keep)한다는 것은 단순히 적으로부터 공을 지키는 것만이 아니라, 다음 플레이로 재빨리 전환하기 위한 '드리블'을 뜻합니다. 그러려면 왼발 오른발 모두 쓸 줄 알아야 하고, 공이 아니라 주위를 보며 재빨리 다음 플레이를 결정해야 합니다. 왜냐하면 공을 가진 시간이 길수록 공을 빼앗길 위험도 커지기 때문입니다. 이것이 기본 개인 기술이 필요한 이유입니다.

키프(keep) 드리블

볼 키핑의 기본은 공과 적 사이에 몸을 넣어서 공을 숨기는 것.

그러나 위와 같은 자세에선 적의 발이 들어올 수도 있다.

공과 적 사이에 있는 몸을 옆으로 향하면 공을 적에게서 더 떨어뜨릴 수 있다.

상반신으로 적을 막으면서 볼을 지킨다.

C. '시간과 공간을 만들' 타이밍을 잡기 위한 드리블

 현대 축구는 수비에 중점을 두는 경향이 있어서 플레이를 펼칠 공간이 많이 나지 않습니다. 그런 상황에서 압박을 받는다고 그냥 공을 뒤로 돌리면, 플레이의 우선순위가 밀리게 됩니다. 다소 위험 부담이 있더라도 플레이의 우선순위를 지키고, 공격적으로 가려면 '타이밍을 잡기 위한 드리블'이 필요합니다. 타이밍을 잡으면 공격 방법이 늘어나서 유리한 상황을 만들 수 있습니다.

공을 지킬 때, 양손은 상대의 위치를 파악하기 위한 안테나가 된다. 팔을 옆으로 크게 벌려서, 적의 가슴 부위에 댄다. 이렇게 하면 상대의 움직임을 알 수 있다.

경우에 따라 상대를 막는 데에만 집중해야 할 때도 있다.

타이밍을 잡기 위한 드리블

가령 1대1 상황일 때 우리 편이 다가올 때까지 드리블로 버티면 2대1 상황을 만들 수 있다.

공간을 확보하는 드리블

1 공을 가진 선수가 우리 편에게 패스한다. 2 패스를 받은 선수는 중앙으로 드리블해서 적을 유인한다. 3 중앙으로 이동함으로써 오른쪽 사이드에 공간이 생긴다. 패스한 선수는 열린 공간으로 달려간다. 이때 드리블 스피드를 조절하면 찬스가 생긴다.

③드리블 우선순위

실력이 뛰어난 선수는 패스를 받기 전에 머릿속에서 다음 동작을 미리 준비하고 있습니다. 간단히 말해 드리블할지 패스할지입니다. 여기선 그중 드리블을 선택했을 경우를 설명하겠습니다.

공격적인 선수는 돌파. 즉, 상대를 제치는 것을 첫 번째로 생각합니다. 특히 페널티 지역 근처에서는 망설이지 말고 돌파해야 합니다. 두 번째로 돌파할 코스가 상대에게 막혔을 때는 드리블 스피드를 조절하면서 동료의 지원을 기다려야 합니다. 동료가 와서 2대1 상황을 만들면 돌파할 수 있습니다. 세 번째는 빠른 상대의 마크로 압박을 받을 경우입니다. 일단 당황하지 말고 공을 확실히 지킵니다. 그리고 동료와 타이밍을 맞춰서 원투 패스로 돌파합니다. 이처럼 상황과 장소에 따라 세 가지 선택을 늘 머릿속에 넣어두면 자신 있는 플레이가 가능합니다.

공을 빼앗기지 않으려면 뒤로 공을 돌리는 것도 방법이지만, 공격 축구를 위해서는 공을 쉽게 뒤로 돌리지 말고 효율적인 드리블 돌파로 늘 골을 노려야 합니다. 그러려면 드리블 실력을 키워야 하지요. 개인 기술을 익히는 일은 싸움에 필요한 무기를 준비하는 것과 같습니다.

우선순위1 돌파 시도

1·2 패스를 받으면 우선 돌파해서 골을 노린다. 3 앞을 향해 드리블을 시도하고 골문이 보이면 바로 슛한다.

우선순위2 공을 지키며 지원을 기다리기

1·2 패스를 받았을 때 돌파가 여의치 않으면, 공을 지키기만 하지 말고, 동료가 오기를 기다리거나 공간을 만들기 위해 드리블한다.

3·4 드리블 스피드를 유지하면서 옆으로 움직이며 오른쪽 사이드에 공간을 만든다. 이 공간으로 달려오는 동료에게 패스한다.

3. 1대1 스킬 익히기 (드리블 분석)

매력 있는 축구를 실천하려면 '드리블'은 꼭 필요합니다. 축구를 비디오 게임에 비유하면, '드리블'은 주인공이 가진 무기 중 하나이며 이 무기는 다음 네 가지 방법으로 쓸 수 있습니다.

①터치(Touch)와 타이밍(Timing)
②턴(Turn)
③스타트(Start)&스톱(Stop)
④페인트(Feint)

게임을 잘하려면 각각의 무기가 지닌 특징과 사용법을 이해하고 있어야 합니다. 그런 다음, 게임 안에서 무기를 잘 쓸 수 있는 법을 배워야 합니다.

스포츠의 세계에서는 상대와 겨루기 전에 그 스포츠에 필요한 테크닉이 자기 것이 될 때까지 반복해서 연습하는 것이 기본입니다.

수영이라면 물장구와 숨쉬기, 테니

우선순위3 공을 뺏기지 않도록 지키기

1·2 공을 받을 때 상대의 압박이 강해서 아무것도 못 할 것 같을 때에는 침착하게 공을 뺏기지 않도록 지키면서 다음 동작을 생각하자.

3·4 몸을 써서 공을 지키고 다가오는 동료에게 패스한다. 그리고 곧바로 원투로 돌파해서 슛으로 연결한다.

스라면 라켓으로 공을 되받아치는 기본 동작을 배워야 경기를 할 수 있습니다. 그러나 축구는 다릅니다. 정확한 동작이 아니더라도 공만 찰 수 있으면, 시작한 날 바로 경기에 뛸 수 있기 때문입니다.

그러나 축구를 막 시작한 사람에게는 공을 '찰 수 있다'는 것이 드리블을 익히는 데는 방해가 되기도 합니다. 오히려 드리블을 익히는 데는 '안 차는' 편이 좋을 수도 있습니다. 축구는 차버린 순간, 내 공이 아니기 때문입니다. 그래서 우선은 공을 차기보다 다음 기본기부터 시작합시다.

①터치와 타이밍의 드리블

터치와 타이밍의 드리블이란 주로 앞으로 나아가기 위한, 모든 드리블의 기본입니다. 그리고 그중에서 가장 기본이 되는 것이 1-1드리블과 1-2드리블입니다.

1-1드리블은 전진 시 발 앞에 있는 공을 한쪽 발로 반드시 터치하고 나아가는 드리블입니다. 공을 늘 자기 앞에 두고 아웃사이드(Outside 발 바깥쪽)로 공을 앞으로 밀듯이 나아갑니다.

1-2드리블은 양발의 인사이드를 써서 공을 반드시 한 번씩 터치하면서 나아가는 드리블입니다. 공의 위치는 항

1-1드리블

1-1드리블은 드리블의 기본이다. 좌우의 발로 한 발씩 나아갈 때마다 반드시 같은 발로 한 번씩 터치하고 나아간다. 공은 항상 자신의 발 가까이 두고 너무 떨어뜨리지 않도록 한다.

1-2드리블

1-2드리블은 한 발 나아갈 때마다 반드시 한 번 터치하고 나아간다. 좌우 발을 번갈아 쓰며 리듬 있게 움직인다. 정면뿐 아니라 여러 방향으로 움직일 수 있다.

상 몸의 중앙 아래에 있어야 합니다.

이 두 가지 드리블은 궁극의 드리블이라고도 합니다. 왜냐하면 두 드리블을 조합하는 것만으로도 상대를 제칠 수 있기 때문입니다. 축구를 막 시작했다면, 늘 1-1드리블을 생각하고 연습합시다. 공을 자유롭게 몰 수 있을 때까지 꾸준히 연습해야 합니다. 그러면 공의 터치와 타이밍을 조절하는 것만으로 상대를 제칠 수 있습니다. 또한, 페인트를 걸 때나 상대의 틈을 노릴 때는 인사이드(Inside 발 안쪽)로 공을 끄는 1-1드리블이 효과적입니다.

공을 끄는 1-1드리블

인사이드를 써서 비스듬히 움직이는 드리블도 1-1드리블의 하나다. 돌파를 위해 상대의 틈을 노릴 때 곧잘 쓴다.

②턴

'턴(Turn)'이란 드리블의 방향을 바꾸는 것입니다. 이 책에서는 방향을 180도 바꾸는 것을 '턴'이라고 하며, 각도를 바꾸는 것을 '방향전환'이라고 합니다. 이 두 가지 모두 크게 보면 턴에 들어갑니다. 공을 지키거나 상대를 제칠 때 씁니다.

경기에서는 패스를 받아주는 우리 편이 좋은 위치에 없거나 적에게 마크당해서 패스할 수 없는 경우가 자주 생깁니다. 이때는 드리블의 각도와 방향을 바꿔서 공을 적에게서 지킵니다. 턴을 이용한 드리블은 적의 압박을 풀고 다음 플레이로 갈 수 있다는 점에서 중요합니다. 뛰어난 선수는 다양한 턴 동작을 상황에 맞게 구사하며, 턴으로 다음 공격의 시발점을 만들어냅니다.

인사이드 턴

인사이드로 공을 소유하고 방향을 바꿔서 적에게서 공을 떨어뜨린다. 자세한 턴 방법은 뒷부분(48~49쪽)에서 확인할 것.

아웃사이드 턴

아웃사이드로 적에게서 공을 떨어지게 하고 몸으로 공을 지키면서 턴한다. 자세한 방법은 50~51쪽에 있으니 보면서 연습해보자.

스텝 오버

62~63쪽에서 소개할 스텝 오버는 방향을 바꾸거나 공을 지킬 때 쓴다.

크루이프 턴

슛하는 척하다 발 안쪽으로 방향을 바꾸는 크루이프 턴은 수비수를 제치는 턴으로 유명하다.

리버스 스텝 오버 턴

오른발로 공을 차는 척하다 공을 넘어서서 반대 방향으로 턴한다. 공을 지키는 데 특히 도움이 된다.

③스톱&스타트

드리블 스피드에 관해 설명하겠습니다. 선수의 신체적, 육체적인 능력 중 키우기 어렵다고 알려진 것이 '스프린트(Sprint)'의 속도, 즉, 단거리 스피드입니다. 이 능력은 거의 유전으로 결정된다고 합니다. 가령 발이 느린 선수가 아무리 좋은 트레이닝을 하더라도 빠른 발을 타고난 선수의 스피드를 따라잡을 순 없습니다.

이런 상황에서 축구선수가 키울 수 있는 스피드 능력은 무엇일까요? 두 가지로 나뉩니다. 하나는 공을 갖고 있을 때 적절한 플레이를 빠르게 선택할 수 있는 능력, 다른 하나는 공을 받기 전에 전술적인 판단을 빠르게 내릴 수 있는 능력입니다. 신체적인 스피드와 체력을 높이는 트레이닝만 해서는 실전에서 그다지 효과가 없습니다.

하지만, 현대 축구에서는 '스피드'가 요구된다는 사실을 염두에 두어야 합니다. 세계 최고 수준에서는 '톱 스피드로 뭘 할 수 있는가?'라는 질문이 매일 반복되고 있습니다.

스피드를 키우기 전에 알아야 할 점은 '드리블을 마스터하는 과정에선 스피드는 필요 없다'는 점입니다. 빠르게 하기보다 정확하게 하는 데 중점을 두는 편이 좋습니다. 되도록 천천히 침착하게 그리고 정확하게 합시다. 이것이 드리블을 마스터하는 포인트입니다.

누구나 능숙해지면, 자연스럽게 속도를 올리고 싶어집니다. 실수는 그때 나옵니다. 드리블은 남과 속도를 겨루는 것이 아닙니다. 얼마나 정확하게 할 수 있는지를 겨루는 것입니다. 중요한 것은 자신이 실수하지 않을 속도를 알고, 드리블 스피드의 조절을 자유자재로 하는 것입니다. 숙달되면 새로운 무기가 생깁니다.

드리블을 하다 멈춰서 상대를 혼란스럽게 하는 기술이 스톱&스타트입니다. 간단하고 단순하지만, 가장 효과적으로 상대를 제칠 수 있는 드리블입니다. 적을 제치는 드리블은 매력적인 축구를 하는 데 필요한 테크닉 중 하나입니다.

스톱&스타트

1 골문으로 향하면서 재빠른 1-1드리블로 상대와의 간격을 좁힌다.

2 간격을 좁히고 공과 움직임을 멈춘다. 갑자기 멈추면 상대도 멈칫한다.

3 상대의 움직임이 멈춘 순간, 재빠르게 움직여서 공을 앞으로 몬다.

4 상대의 스타트가 늦으면, 슛할 수 있는 공간이 생긴다.

5 골문이 보이면 망설이지 말고 골을 노린다. 스톱&스타트를 빠르게 되풀이하는 것만으로도 충분한 페인트가 된다.

④ 페인트

　페인트란 간단히 말하면 상대를 속이거나 의표를 찌르는 것입니다. 속임 동작으로 상대의 틈을 노릴 수 있습니다. 페인트를 잘 쓰는 선수는 경기에서 늘 우위에 설 수 있습니다. 축구는 어떤 의미에선 서로 속이는 스포츠이기 때문입니다. 이를 위해선 페인트를 마스터하기 위한 기술과 이를 실행할 판단력을 갖춰야 합니다.

　페인트를 못 해도 축구는 할 수 있지만, 페인트를 못 쓰는 선수는 다음 플레이가 쉽게 예측되어서 매력이 없습니다. 매력적인 축구를 하는 팀에는 페인트를 잘 쓰는 선수가 반드시 있습니다. 때로는 페인트에 당해보는 것도 좋습니다. 당해보면 다음 플레이에 동기부여가 되고 자신의 페인트를 갈고닦는 데 도움이 됩니다.

　기본 테크닉을 익힌 선수라면 페인트를 익히는 데 시간이 걸리지 않습니다. 우선 페인트를 몇 가지 해보겠습니다. 연습을 되풀이하다 보면 이 중에서 자신에게 맞는 페인트를 자연스럽게 찾을 수 있을 겁니다. 그다음엔 그 페인트를 머리로 떠올리면서 몸이 기억할 때까지 철저하게 연습해야 합니다. 중요한 것은 '상대를 제치겠다!'고 계속 생각하는 겁니다.

　자신만의 페인트를 익힌 선수는 그걸 어떻게 써야 할까요? 축구의 개인 전술에선 공을 가졌을 때 가능한 한 빨리 최단거리로 골을 노려야 한다고 합니다. 그 수단이 드리블인 경우도 마찬가지입니다. 드리블을 개인 전술로서 충분히 이해한 다음, 써야 합니다.

　그리고 매력적인 축구에 페인트가 필요하다고 했지만, 페인트가 꼭 필요하지 않은 경우도 있음을 알아두세요. 만일 페인트를 쓰지 않고도 골로 연결할 수 있는 상황이라면, 그냥 슛하는 편이 좋습니다. 눈앞의 상대를 제치는 데 시간을 허비하다 골 기회를 놓치면 승리할 수 없기 때문입니다. 모든 플레이는 골이 목표라는 사실을 기억하세요.

　마지막으로 골로 연결되는 페인트에 관해 설명하겠습니다. 골문 앞에서는 꼭 페인트로 상대를 제쳐야 하는 건 아닙니다. 슛할 코스를 만들 수만 있으면 됩니다. '상대에게 사전에 정보를 주고 그와 다르게 움직이면' 됩니다.

페인트의 의미

페인트를 남발할 필요는 없다. 옆의 사진처럼 앞이 비어 있으면 슛을 노리는 게 맞고, 그 옆 사진처럼 압박이 강할 때만 페인트가 필요하다.

상대에게 준 정보와 다르게 움직인다

가령 상대와 처음 맞닥뜨려서 돌파할 때, 위 사진처럼 인아웃으로 제쳤다고 하자. 다음에 맞설 때도 같은 동작을 하면 상대는 또 인아웃을 하리라 예상하고 움직인다. 그때 아래처럼 시저스를 쓰면 상대가 속는다.

볼 필링

볼 필링이란 볼 감각을 키워서 공에 익숙해지는 것을 말합니다. 발의 여러 부위로 자연스럽고 정확하게 공을 터치해봅시다.

볼 터치

발바닥으로 좌우 번갈아서 공을 터치합니다. 몸의 균형을 유지하면서 발바닥으로 공을 느껴봅시다. 자세는 등을 펴고 고개를 드는 것이 중요합니다. 처음엔 천천히 하다가 익숙해지면 속도를 내서 해봅시다.

BALL POINT

몸 앞에 있는 공은 움직이지 않도록

1 TOUCH   **2** TOUCH

1·2 발바닥으로 공을 터치하고, 터치하면 바로 다른 발로 바꾼다. 오른발, 왼발, 오른발, 왼발 하는 리듬에 맞추자. 공을 되도록 보지 말고 늘 정면을 보고 연습하자.

얼굴을 아래로 향하지 말 것!

BAD

공만 보지 않도록 주의한다. 연습할 때도 얼굴을 들고 상대가 앞에 있다고 생각하고 해보자. 공이 다른 데로 가지 않도록 적절하게 공 위를 터치해야 한다. 리듬 있게 할 수 있을 때까지는 천천히 하자.

볼 필링

볼 터치 [옆]

공은 몸의 바로 아래에 두고, 몸을 좌우로 움직이면서 공에 발바닥을 올립니다. 한쪽 발로 공을 터치한 다음, 바로 다른 발로 터치합니다. 디딤발은 공 바로 옆에 체중을 확실히 실으세요. 발의 교대 속도를 빠르게 또는 천천히 바꾸면서 변화를 주되 공은 움직이지 않도록 합시다.

BALL POINT

공은 몸의 바로 아래에 둔다.

1·2 공을 처음 둔 곳에서 움직이지 않도록 하면서 공 위를 좌우 발로 번갈아 가며 터치한다. 공을 건드리지 않는 쪽 발에는 체중을 싣는다.

볼 필링

탭 (Tap)

인사이드로 공을 정교하게 좌우로 움직입니다. 무릎을 살짝 굽히고 공을 보지 말고 앞을 봅니다. 처음에는 빠르게 하기보다 그 자리에서 1회씩 공을 건드리는 데 집중합니다. 익숙해지면 전후 좌우로 크게 움직이거나 속도를 올려서 해봅시다. 공과 자주 접촉하며 느낌을 기억해두면 경기 중에도 침착한 플레이가 가능합니다.

BALL POINT
두 발 사이에 공을 끼듯이 합니다.

TOUCH 1   TOUCH 2

1·2 발 사이에 둔 공을 정확하게 왼쪽, 오른쪽, 왼쪽, 오른쪽으로 번갈아 가며 인사이드로 터치한다. 리듬이 생기고 발에 공이 붙을 때까지 되풀이해서 하자.

볼 필링

앞뒤로 굴리기

앞에 있는 공을 한쪽 발바닥을 써서 앞뒤로 움직입니다. 몇 번 반복하다 발을 바꿔서 연습합시다. 굴린 공에서 일단 발을 떨어뜨린 다음 잘 잡아놓는 것, 반대편 발은 몸이 흔들리지 않도록 균형을 유지하는 것이 포인트입니다. 볼 키핑과 드리블에선 발바닥을 자주 씁니다. 발바닥으로 볼 터치하는 법을 익힙시다.

BALL POINT
발바닥으로 공을 터치합시다.

1 GOOD!   2 GOOD!

1 앞에 있는 공을 발바닥으로 자기 앞까지 굴린다. 2 공을 굴렸던 발을 일단 공에서 떼었다가 자기 아래로 온 공을 멈춘다. 거기서 공을 앞으로 다시 굴리는 걸 반복한다.

등을 꼿꼿이!! 앞을 볼 것!

BAD

공에 익숙하지 않으면 공의 움직임이 신경 쓰여서 아래를 보게 된다. 공만 보지 말고 등을 펴고 앞을 보면서 할 수 있도록 연습하자.

볼 필링

좌우로 굴리기

몸 앞에 있는 공을 한쪽 발로 크게 옆으로 움직입니다. 그 자리에서 가만히 발바닥만으로 공을 굴리는 동작을 반복하면, 한쪽 발로 균형을 잡고 공을 잘 다룰 수 있게 됩니다. 땅에 닿은 발에 체중을 실어 균형을 잡습니다.

BALL POINT

대각선 앞에 있는 공을 발바닥으로 터치.

TOUCH

1

2

1 오른쪽 대각선 앞에 있는 공을 발바닥을 써서 왼쪽으로 굴린다. 2 공이 움직이는 동안에는 굴린 발을 지면에 닿지 않도록 한다.

양발로 연습하기

한쪽 발로만 연습하지 말고 양발 모두 능숙하게 공을 움직일 수 있도록 하자.

TOUCH

3

3 몸을 틀어서 발바닥으로 공을 멈춘 다음, 오른쪽으로 공을 굴리는 동작을 반복한다.

볼 필링

좌우 발로 굴리기

몸 앞에 있는 공을 양쪽 발로 크게 좌우로 굴립니다. 시작한 곳에서 움직이지 말고 발바닥으로 정확히 공을 세워 굴리는 동작을 반복하면 볼 터치가 능숙해지고 더 어려운 동작도 할 수 있게 됩니다.

BALL POINT

발바닥으로 공을 확실히 잡아둔다.

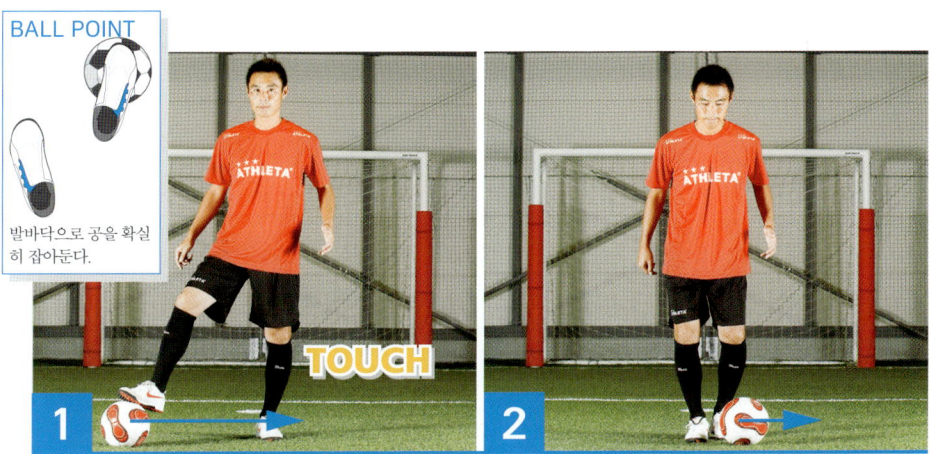

1 오른쪽 대각선 앞에 있는 공을 발바닥으로 왼쪽으로 굴린다. 공을 봐도 되지만, 익숙해지면 정면을 보고 하자. 2 공이 몸 앞을 지날 때 양발을 모은다.

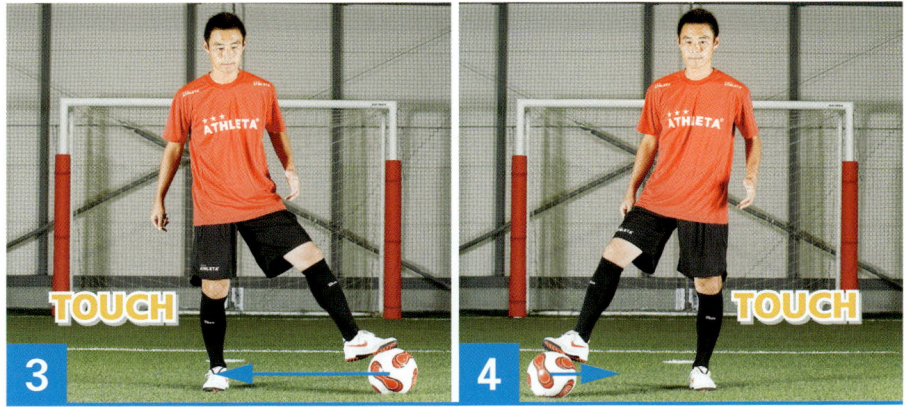

3 공이 왼쪽 대각선 앞으로 왔을 때, 왼발바닥으로 세운다. 공이 멈추면 오른쪽으로 굴린다. 4 오른쪽에 온 공을 오른발바닥으로 세운다. 이를 되풀이한다.

볼 필링

T자로 굴리기

몸 앞에 있는 공을 그 자리에서 T자를 그리듯이 굴립니다. 디딤발에 체중을 실어서 균형을 잡읍시다. 굴릴 때마다 공에서 발을 떨어뜨리지만, 굴리는 발은 지면에 절대로 닿지 않도록 합니다. 크게 공을 움직이는 것이 포인트입니다. 잘 안 되면, L자(1~4까지)만 해보세요. 상대를 속이는 트릭으로 쓸 수 있습니다.

1 몸의 바로 아래에 있는 공을 발바닥으로 민다. 2 앞으로 간 공을 발바닥으로 세우고 자기 쪽으로 되돌린다. 3 몸 바로 아래에 오면 발바닥으로 세워서 오른쪽으로 굴린다.

4 왼쪽으로 간 공을 발바닥으로 다시 몸 아래로 가져온다(여기까지 L자) 5·6 몸 앞으로 굴러가게 한 뒤, 왼쪽으로 간 공을 멈추고 오른쪽으로 굴린다. 1번으로 돌아가 다시 반복한다.

볼 필링

슬라이드

몸 바로 아래에 있는 공을 발바닥으로 바깥쪽으로 굴립니다. 공에서 발을 떼지 말고 인사이드로 터치한 뒤, 반대쪽 발로 공을 보냅니다. 플레이 중에는 공을 바깥쪽으로 굴리는 일이 드물지만, 이것을 좌우 발을 번갈아 가며 반복하면, 볼 터치 감각을 몸이 기억하게 할 수 있습니다. 얼굴을 들고, 되도록 공을 보지 않으면서 리듬 있게 반복합시다.

BALL POINT

몸 바로 아래에 공을 두고 시작.

1 몸 아래에 있는 공에 발바닥을 올리고 바깥쪽을 향해 공을 가볍게 굴린다. 2 밖으로 굴러간 공을 발에서 떨어지지 않도록 하면서 인사이드로 반대쪽으로 굴린다.

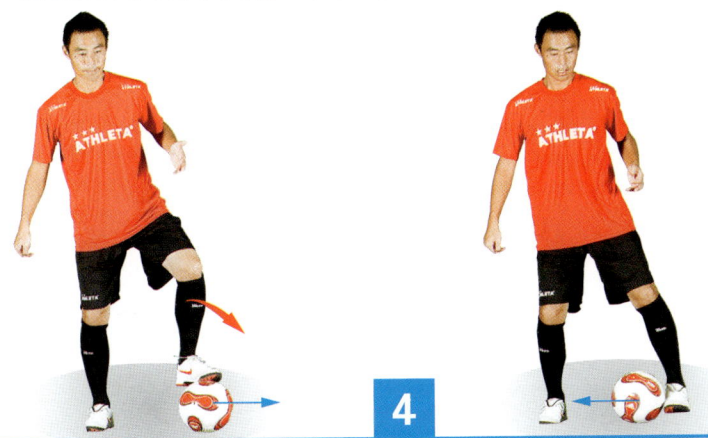

3 몸 왼쪽으로 온 공을 왼발바닥으로 캐치. 4 발을 공에 댄 채 인사이드로 반대쪽으로 굴린다. 이것을 리듬 있게 반복해보자.

볼 필링

V자로 굴리기 [끌어서 아웃사이드]

몸을 움직이면서 볼 콘트롤이 되도록 몸 앞에서 공을 V자로 움직여봅시다. 디딤발의 무릎을 확실히 굽혀야 한다는 것, 발바닥으로 공을 자기 쪽으로 가져와서 아웃사이드로 대각선 앞으로 굴릴 때, V자를 그리듯이 공을 굴리는 게 포인트입니다. 경기 중에 상대의 가랑이 사이를 노릴 때 쓸 수 있는 기술이기도 합니다.

1 오른발부터 시작할 경우, 왼쪽 대각선 앞의 공을 발바닥으로 몸 바로 아래로 끈다. 2 공이 몸에 가까이 오면 아웃사이드로 오른쪽 대각선 앞으로 공을 민다.

3 발을 바꿔서 왼발바닥으로 몸의 오른쪽 대각선 앞에 있는 공을 가져온다. 4 몸 아래로 온 공을 왼쪽 아웃사이드로 왼쪽 대각선 앞으로 가게 한다. 이걸 반복한다.

볼 필링

V자로 굴리기 [끌어서 인사이드]

디딤발 뒤쪽을 통과해서 V자를 그리도록 공을 굴립니다. 발바닥으로 공을 디딤발 뒤쪽까지 끌어서 같은 발 인사이드로 대각선 앞으로 공을 밀어봅시다. 처음에는 공을 보면서 천천히 정확하게 합시다. 양발로 연속해서 할 수 있게 되면 볼 컨트롤과 균형 감각이 좋아집니다. 경기에서도 쓸 수 있는 기술 중 하나입니다.

BALL POINT

대각선 앞에 있는 공을 발바닥으로 끈다.

1 오른발부터 시작할 경우는 오른쪽 대각선 앞에 공을 두고 시작한다. 몸 뒤로 공을 움직인다. 2 디딤발 뒤로 온 공을 인사이드로 왼쪽 대각선 앞으로 보낸다.

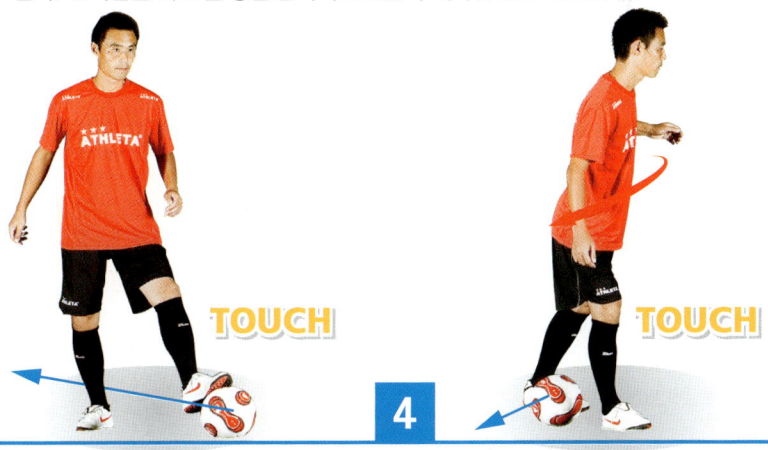

3 왼쪽 대각선 앞에 온 공을 왼발바닥으로 세워서 그대로 뒤로 보낸다. 4 디딤발 뒤의 공을 인사이드로 오른쪽 대각선 앞으로 보낸다. 이걸 반복한다.

볼 필링

풀 푸쉬

발바닥과 발등으로 몸 앞뒤로 공을 움직여봅시다. 몸 앞에 있는 공을 발바닥으로 뒤로 굴린 뒤, 발등으로 세워서 다시 앞으로 밀어냅니다. 밀어낸 공은 반대쪽 발바닥으로 잡습니다. 이를 되풀이합니다. 등을 펴고 앞을 보면서 하는 것이 중요합니다. 좌우 교대로 리듬 있게 할 수 있도록 연습합시다.

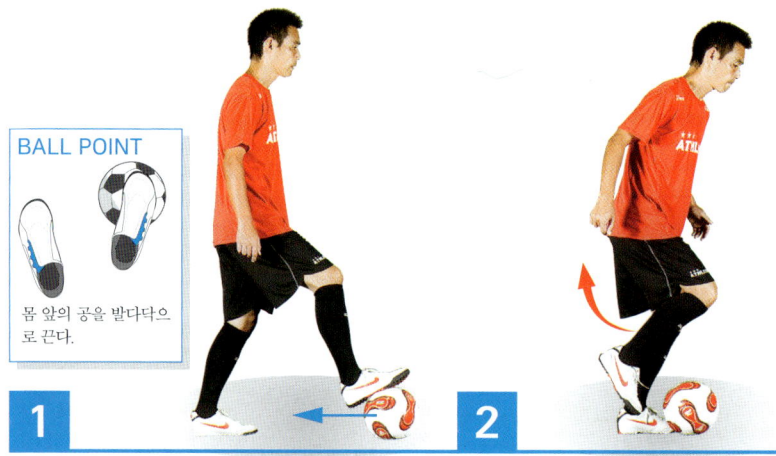

BALL POINT

몸 앞의 공을 발다닥으로 끈다.

1 2 몸 앞에 있는 공을 발바닥으로 뒤로 끈다. 디딤발의 무릎은 살짝 굽혀두자. 등을 곧게 펴고 앞을 보고 할 것.

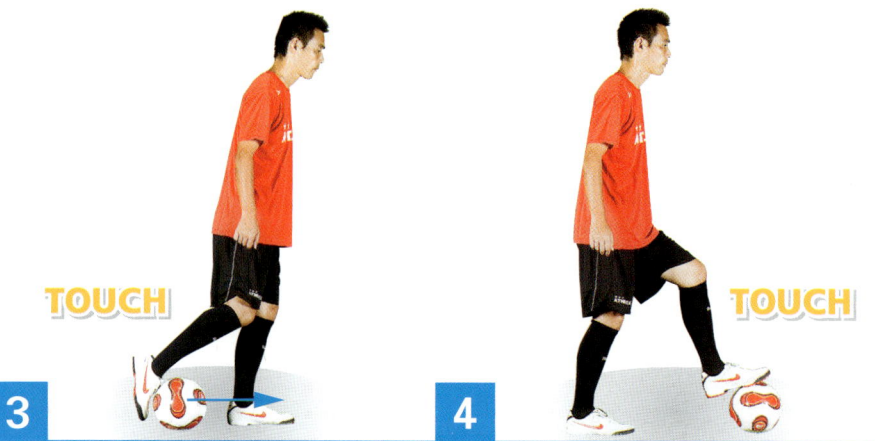

3 발등으로 공을 앞으로 내민다. 이때 발끝은 지면을 향하도록 하자. 4 앞에 온 공을 반대쪽 발바닥으로 잡는다. 그 발로 반복한다.

볼 필링

팔카우 (Falcão 과거 풋살계의 황제 팔카우가 썼던 기술)

몸 앞을 지나가는 공 위를 헛발질하는 듯이 발을 움직여서 눈앞에 있는 상대와 거리를 두는 기술입니다. 반복해서 연습하면 볼 콘트롤이 능숙해지며 경기에도 쓸 수 있습니다. 특히 상대 골문 근처의 사이드라인 앞에서 공을 가졌을 때 수비수의 움직임을 보면서 해봅시다.

FRONT VIEW

1 오른발바닥으로 공을 굴린다. 2 몸 앞으로 공이 오면 왼발을 들어서 발밑으로 공을 보낸다.
3·4 왼쪽 대각선 앞에 온 공을 왼발바닥을 써서 오른쪽으로 굴리고 반복한다.

SIDE VIEW

BALL POINT

대각선 앞에 있는 공을 발바닥으로 굴린다.

볼 필링

믹스 팔카우

BALL POINT

발과 발 사이에 공을 두고 시작.

1 오른쪽 인사이드로 공을 터치. 2 왼쪽 인사이드로 터치해서 오른쪽으로 굴린 뒤, 오른발로 공을 넘는다.

6 공이 몸 정면으로 오면 오른발을 치켜든다. 7 오른발바닥으로 공을 멈추고 왼쪽으로 굴린다. 8 왼쪽 인사이드와 오른쪽 인사이드로 공을 탭 한다.

개인 기술을 익히자

앞 페이지의 팔카우를 자연스럽게 할 수 있게 되면 탭과 팔카우를 섞어서 해 봅시다. 팔카우를 하는 도중, 양발 인사이드로 공을 세밀하게 움직이게 하는 탭을 넣습니다. 우선 공의 움직임을 기억하고 점점 속도를 올려서 할 수 있도록 연습합시다. 얼굴을 들고 앞을 보고 할 수 있을 때까지 해봅시다.

3 오른발바닥으로 공을 멈추고 왼쪽으로 공을 굴린다. 4·5 몸 정면으로 공이 오면, 왼쪽 발을 들어서 발밑으로 공을 보내고 왼쪽 앞으로 온 공을 발바닥으로 세우고 오른쪽으로 굴린다.

9 왼발을 공 위로 치켜든다. 10 왼발바닥으로 공을 캐치하고 오른쪽으로 굴린다. 11 팔카우를 행한다. 사이사이 탭을 넣어서 해보자.

볼 필링

앞으로 나아가기

발바닥으로 공을 밀듯이 굴리고 세우는 것을 반복하면서 앞으로 나아가는 테크닉입니다. 등을 펴고 공이 아래에 조금 보일 정도로만 얼굴을 들고 해봅시다. 발 하나만 쓰지 말고 도중에 발을 바꿔가면서 나아가도록 연습하면 좋습니다. 몸의 균형을 잡기 위해 디딤발의 무릎을 유연하게 쓰고, 외발 뛰기하는 것처럼 전진합시다.

BALL POINT

몸 아래에 공을 두고 시작.

1 몸 바로 아래에 있는 공을 오른발바닥으로 민다. 2 공을 밀어내면서 디딤발인 왼발로 점프해서 한 발 앞으로 나아간다. 3 오른발로 공을 멈추고 1로 돌아간다.

4 · 5 반복해서 앞으로 나아간다.

경기에 쓸 수 있는 볼 필링

볼 필링을 처음 익힐 때부터 탭의 리듬을 적용하고, 얼굴을 들고 연습할 것. 그리고 양발로 할 수 있도록 반복해서 연습하자. 기술들을 조합해서 구사할 수 있게 되면 축구가 더 재미있어진다.

볼 필링

뒤로 물러나기

발바닥으로 공을 전후로 움직이면서 디딤발로 리듬 있게 외발 뛰기를 하며 뒤로 갑니다. 한 발 뒤로 물러날 때마다 세밀하고 재빨리 공을 앞뒤로 움직여야 하는데, 이걸 리듬 있게 하면 좋습니다. 몸에서 떨어진 곳에서 공을 움직이면 하기 편합니다. 몸의 균형을 무너뜨리지 않도록 주의하면서 볼 콘트롤을 할 수 있도록 합시다.

BALL POINT

공을 되도록 앞에 두고 시작한다.

1 몸에서 떨어진 곳에 공을 두고 발바닥으로 다루며 시작한다. 2 디딤발로 뒤를 향해 외발 뛰기하면서 공을 앞뒤로 움직이면서 후퇴한다.

3 공을 건드리는 발은 무릎부터 아래만 움직이도록 하면 좋다. 4 발바닥으로 공을 확실히 잡고, 공만 보지 말고 앞을 보면서 뒤로 물러난다.

볼 필링

지그재그

한쪽 발바닥으로 공을 지그재그로 움직이면서 뒤로 갑니다. 몸은 뒤로 물러서지만, 허리를 틀어서 공을 건드리는 발을 좌우로 크게 움직이고, 공은 지그재그로 움직입시다. 공을 발바닥으로 확실히 소유하면서 후퇴할 수 있으면, 경기 중 다음 플레이로 옮길 때 주위를 보고 할 수 있습니다.

BALL POINT
대각선 앞에 있는 공을 발바닥으로 끈다.

1 오른쪽 대각선 앞에 있는 공을 발바닥으로 왼쪽 대각선 뒤로 끌면서 디딤발로 백스텝 한다. 2 왼쪽 대각선 앞에 있는 공을 오른쪽 대각선 뒤로 끌면서 디딤발을 한 발 뒤로 뺀다.

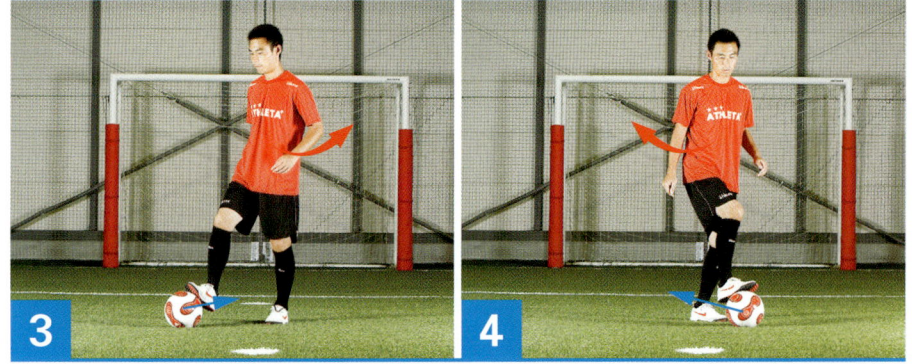

3·4 대각선 앞에 있는 공을 반대편 대각선 뒤로 끌면서 뒤로 물러나는 움직임을 되풀이한다. 도중에 공을 끄는 발을 바꿔야 하는 점, 얼굴을 앞으로 향해야 하는 점에 주의하자.

볼 필링

1-2 · 턴

공을 가지고 방향을 바꿀 때 쓸 수 있는 테크닉입니다. 인사이드로 공을 섬세하게 움직이는 탭을 하면서 공 앞으로 발을 옮겨 방향을 바꿉니다. 공 앞으로 간 발을 디딤발로 방향을 바꿀 수 있으면 좋습니다. 공 앞으로 발을 옮기기 위해 공을 넘을 때는 너무 큰 동작으로 할 필요 없습니다. 공을 재빨리 터치해서 방향을 바꾸도록 합시다.

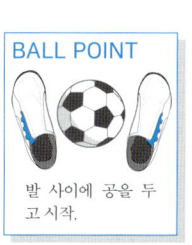

BALL POINT

발 사이에 공을 두고 시작.

1 오른발 인사이드로 공을 터치해서 왼발로 공을 옮긴다. 2 왼발 인사이드로 공을 터치함과 동시에 오른발로 공 바깥쪽에서 앞으로 공을 넘는다.

3 공을 넘은 오른발을 중심으로 몸을 틀어서 방향을 바꾼다. 4 왼발 인사이드로 공을 터치해서 탭을 계속한다. 왼발로 공을 넘어 방향을 바꾸는 것도 해보자.

기본 테크닉 트레이닝

트레이닝은 기억하는 것이 중요합니다. 이제부터 익힐 테크닉은 머리에 담는 것부터 시작합시다.

아웃사이드→인사이드

기본 테크닉을 익히기 위해서는 일단 '공을 많이 접해야' 합니다. 우선 같은 발을 써서 1터치씩 리듬 있게 지그재그로 나아가는, 간단한 트레이닝부터 설명하겠습니다. 포인트는 무릎을 충분히 굽히고 머리를 드는 것입니다. 그리고 양쪽 발 모두 똑같이 할 수 있을 때까지 연습합시다.

1 오른발 아웃사이드로 공을 대각선 앞으로 몬다. 2 같은 발 인사이드로 공을 왼쪽 대각선 앞으로 방향을 바꿔서 몬다.

3·4 다시 한번 오른발 인사이드로 오른쪽 대각선 앞으로 공을 몰고 바로 같은 발 아웃사이드로 반복한다. 공에서 몸이 너무 떨어지지 않도록 리듬 있게 하자.

기본 테크닉 트레이닝

아웃사이드→인사이드 [2터치]

'아웃사이드→인사이드'가 능숙해지면, 같은 발의 같은 부위를 써서 2터치로 나아가는 트레이닝에 도전합시다. 포인트는 앞에서 한 것처럼 머리를 들고 무릎을 살짝 굽혀서 1·2 리듬으로 나아갈 것, 방향전환 전에 상반신으로 크게 킥 페인트를 넣는 것입니다. 공은 반드시 대각선 앞으로 굴려서 지그재그가 되도록 합시다.

1·2 아웃사이드로 오른쪽 대각선 앞으로 밀어내고 다시 한번 아웃사이드로 같은 방향으로 밀어낸다. 3·4 같은 발 인사이드로 방향을 왼쪽 대각선으로 바꾸고 같은 곳에서 2회 터치한다.

5·6·7 인사이드로 2회 터치한 뒤, 다시 아웃사이드로 오른쪽 대각선 앞으로 방향을 바꾼다. 공의 방향을 바꾸기 전에 반드시 상반신으로 킥 페인트를 넣는다.

기본 테크닉 트레이닝

킥 페인트+아웃사이드
→킥 페인트+인사이드

1·2 왼쪽 대각선 방향으로 큰 킥 페인트를 한다. 작은 액션이 아니라 정말로 킥할 것처럼 크게 발을 든다.

5·6 방향을 튼 뒤, 오른쪽 대각선 앞으로 향하면서 다시 큰 킥 페인트를 넣는다. 실제 경기에서 킥 페인트를 구사하는 장면을 상상하며 연습하자.

개인 기술을 익히자

 큰 동작과 작은 동작을 조합해서 볼 터치 연습을 하겠습니다. 정말 킥할 것처럼 크게 발을 들었다가 부드러운 터치로 재빨리 방향을 바꿉니다. 실전에서 눈앞의 적을 제치는 장면을 상상하세요. 큰 킥 페인트 뒤에 깊게 무릎을 굽혀서 공을 터치하면 더 빨리 방향을 바꿀 수 있습니다.

3·4 킥 페인트를 했던 발을 내리자마자 같은 발 아웃사이드로 오른쪽 대각선 앞으로 공을 민다. 1회 터치로 재빨리 방향전환 한 뒤, 다시 같은 발로 공을 민다.

7 내린 발의 인사이드로 방향을 왼쪽 대각선 앞으로 바꾼 다음, 1로 돌아간다.

킥 페인트는 정말 슛한다고 상대가 속을 정도로 구사해야 한다. 연습도 실전처럼 발을 높이 쳐들어서 하자.

47

기본 테크닉 트레이닝
인사이드 턴

　턴은 드리블 종류의 하나로 상대로부터 공을 지키거나 상대를 제칠 때 필요한 기술입니다. 주의할 점은 방향을 바꿀 때 디딤발을 되도록 공에서 떨어지지 않도록 해야 한다는 것과 1터치로 재빨리 턴해야 한다는 겁니다. 그리고 이 책에서 설명하는 턴은 주로 '180도로 방향을 바꾸는 것'을 의미합니다.

1 아웃사이드로 공을 앞으로 민다. 2 굴러가는 공 앞을 향해 크게 킥 페인트를 쓴다.

개인 기술을 익히자

1터치로 빠르게 전환하자!!

옆의 사진처럼 공을 내려다보면서 여러 번 터치하고 턴을 하면 상대에게 공을 빼앗긴다. 전환은 1터치로 빠르게 한다.

3 · 4 공이 굴러가는 쪽으로 돌아선 뒤, 쳐든 발 인사이드로 공을 몸 쪽으로 붙인다. 이때 반드시 1터치로 180도 방향을 바꾸도록 하자.

기본 테크닉 트레이닝
아웃사이드 턴

'인사이드 턴'에 이어 아웃사이드 턴을 연습합시다. 아웃사이드를 쓰는 경우에도 1터치로 턴할 수 있도록 합시다. 터치 횟수가 많을수록 상대에게 공을 빼앗길 위험이 커집니다. 그리고 최대한 발을 뻗어서 전환한 다음, 자기가 달려온 코스로 돌아갑시다. 처음에는 센터라인 부근에서 연습하면 좋습니다.

1 오른발 아웃사이드로 공을 민다. 2 같은 발을 쳐든다. 3 최대한 발을 크게 뻗어서 앞으로 굴러가는 공의 진행 방향으로 돌아선다.

개인 기술을 익히자

너무 돌아서지 말 것!

터치 횟수가 너무 많아도 안 되고, 사진처럼 너무 돌아서 턴하는 것도 좋지 않다. 자신이 달려왔던 라인으로 돌아간다고 생각하면서 하자.

4 오른발 아웃사이드로 공을 끌듯이 터치하고 자기가 달려온 코스를 향해 180도 턴한다.
5 턴했을 때와 같은 발로 공을 나아갈 방향으로 민다.

51

기본 테크닉 트레이닝
인사이드→스톱→방향전환

1 오른발 인사이드로 왼쪽 대각선 앞으로 공을 민다. 2·3 속도를 줄이면서 공을 몸 쪽으로 오게 하고, 같은 발 인사이드로 공을 끌어온다.

6·7 같은 발 인사이드로 왼쪽으로 밀어서 방향전환 한다.

개인 기술을 익히자

이 책에서 설명하는 '방향전환'은 180도로 방향을 바꾸는 '턴'과 달리 여러 방향으로 바꾸는 것을 말합니다. 여기에서 인사이드를 쓰는 '턴'이 아니라 자유롭게 방향을 바꾸기 위한 기술을 연습하겠습니다.

4·5 오른발 인사이드로 공을 한 번 멈춘다.

8·9·10 똑같이 왼발로 공을 몸 쪽으로 오게 하고 인사이드로 공을 멈춘다. 오른쪽으로 공을 밀어서 방향을 바꾼다.

53

기본 테크닉 트레이닝
아웃사이드→스톱→방향전환

1 왼발 인사이드로 공을 왼쪽으로 민다. 2 속도를 조금 줄이면서 방향을 바꿀 준비 한다.

6 이어서 오른발로도 해본다. 오른발로 공을 앞으로 민다. 7 속도를 줄여서 공 앞으로 발을 뻗을 준비 한다.

개인 기술을 익히자

이것도 '턴'이 아니라 아웃사이드로 방향을 자유롭게 바꾸는 연습입니다. 우리 편이 좋은 위치를 잡을 때까지 이 기술로 방향을 바꾸면서 적으로부터 공을 지킵니다.

3 굴러가는 공 앞에 왼발 아웃사이드를 넣어서 공을 세운다. 4·5 왼발 아웃사이드를 써서 방향을 왼쪽으로 바꾸고 공을 민다.

8·9·10 오른발을 공의 진행 방향에 둬서 공을 멈춘다. 오른쪽으로 돌아서 공을 밀어 방향을 바꾼다.

기본 테크닉 트레이닝

발끝으로 끌어오기
→반대쪽 발 아웃사이드→턴

발끝으로 공을 몸 쪽으로 끌어온 뒤, 반대쪽 발 아웃사이드로 공을 바깥쪽으로 밀어서 몸의 각도와 공의 위치를 바꾸는 기술입니다. 발끝 아래쪽을 써서 공을 확실히 자기 밑으로 끌어옵니다.

그다음 아웃사이드로 크게 반대 방향으로 공을 밀어냅시다. 크게 움직이면 주위 상황을 살피면서 공을 지킬 수 있습니다.

1 자기 왼쪽에 있는 공을 왼쪽 발끝을 써서 자신의 방향으로 끌어온다. 2·3 오른발 아웃사이드로 재빨리 공을 반대편으로 민다.

4·5 오른발바닥으로 공을 멈추고 그대로 자신의 방향으로 공을 끌어온다. 6 끌어온 즉시, 왼발 아웃사이드로 공을 원래 방향으로 민다.

기본 테크닉 트레이닝

발끝으로 끌어오기
→반대쪽 발 아웃사이드→방향전환

앞 페이지에서 설명한 동작을 활용하여 '방향을 바꾸는' 트레이닝입니다. 발끝과 몸을 쓰는 법은 같지만, 여기에선 대각선 앞으로 방향을 바꿉니다. 공을 끌어올 때의 터치부터 반대쪽 발로 공을 미는 터치까지 이어지는 동작을 빠르게 할 수 있도록 반복해서 연습합시다.

1 오른발 아웃사이드로 드리블. 2 충분히 속도를 늦추고 오른쪽 발끝으로 공을 몸 쪽으로 끌어온다. 이때 무릎을 굽히고 몸을 낮추자.

3 왼발 아웃사이드로 방향을 왼쪽 대각선 앞으로 바꾼다. 4 속도를 높여서 재빨리 다음 동작으로 옮긴다. 무릎을 깊게 굽이면 더 빨리 움직일 수 있다.

기본 테크닉 트레이닝

끌어오기 → 같은 발 인사이드
→ 반대쪽 발 인사이드 → 턴

1 오른발 아웃사이드로 드리블. 2 달리는 방향으로 차는 시늉을 크게 해서 킥 페인트를 넣는다. 얼굴을 정면으로 향하면 상대가 속기 쉽다.

5 공을 끌어온 발과 같은 발 인사이드로 터치한다. 6 터치와 함께 몸을 낮추고 속도를 올릴 준비 한다.

현대 축구에서는 수비수의 마크가 점점 강력해지고 있습니다. 경기 중에 공을 쉽게 빼앗기지 않으려면 몇 가지 방법을 익혀둘 필요가 있습니다. 이 기술은 주로 발바닥을 잘 써서 상대로부터 공을 지키면서 턴하는 데 도움이 됩니다. 포인트는 드리블 스피드의 콘트롤입니다. 턴하기 전엔 스피드를 떨어뜨리고 턴 후엔 다시 올립니다.

3 올린 발을 공 위에 놓고 공의 움직임을 멈춘다. 4 자신이 달려온 코스로 공을 끌어온다.

7 반대쪽 발 인사이드로 나아갈 방향으로 공을 민다. 8 속도를 높여서 드리블한다. 방향을 바꿀 때는 나아갈 방향에 뭐가 있는지 확인하자.

기본 테크닉 트레이닝

끌어오기 → 같은 발 인사이드 → 반대쪽 발 인사이드 → 방향전환

앞 페이지의 동작에서 턴이 아니고 대각선 앞쪽으로 방향을 바꾸는 트레이닝입니다. 방향을 바꿀 때 충분히 속도를 늦추고 발바닥으로 공을 몸 쪽으로 끌어오는 걸 의식하고 연습합시다.

1·2 드리블하다 크게 킥 페인트를 쓴다. 3 올린 발을 공 위에 올려서 공의 움직임을 멈춘다.

4 자기 몸 쪽으로 공을 끌어온다. 5 끌어온 발 인사이드로 공을 터치한다. 6 반대쪽 발 인사이드로 대각선 앞으로 밀면서 방향을 바꾼다.

기본 테크닉 트레이닝

발바닥 끌어오기 → 같은 발 아웃사이드

예를 들어 경기 중 갑자기 패스하는 걸 그만두고 방향을 바꿀 때, 빠르고 세밀하게 방향을 바꿀 수 있는 테크닉 중 하나입니다. 드리블하다 갑자기 멈추고 발바닥으로 공을 자기 쪽으로 끌어와서 재빨리 같은 발 아웃사이드로 방향을 바꿉니다. 이런 테크닉을 몇 가지 익혀 두면 패스할 수 있는 상황을 언제든 만들 수 있습니다.

1 아웃사이드로 앞을 향해 드리블. 2·3 나아갈 방향으로 킥 페인트를 크게 보여준다. 몸 전체를 써서 페인트를 쓰는 게 좋다.

4 오른발바닥으로 공을 멈추고 그대로 자신의 방향으로 공을 끌어온다. 5·6 끌어온 발 아웃사이드로 오른쪽 대각선 앞으로 공을 민다.

기본 테크닉 트레이닝

스텝 오버 (Step Over 공 넘기, 헛다리 짚기)

이 기술은 자신의 진행 방향으로 굴러가는 공을 발바닥으로 멈춤과 동시에 양발로 공을 뛰어넘은 뒤, 수비수와 공 사이에 몸을 넣어 재빨리 180도 회전해서 공을 지키면서 턴하는 테크닉입니다. 공은 달려온 코스로 되돌아가도록 밉니다. 그리고 턴할 때는 공과 가까운 발 아웃사이드로 합시다.

1 오른발 아웃사이드로 공을 앞으로 민다. 2 오른발바닥으로 공을 멈춘다. 3 공을 멈춤과 동시에 공 위를 뛰어넘는다.

4·5 공에 등을 진 상태로 착지하고 돌아서며 공에 가까운 오른발 아웃사이드로 공을 달려온 방향으로 민다. 6 180도 턴해서 속도를 올린다.

기본 테크닉 트레이닝
스텝 오버 [옆]

앞 페이지에서 설명한 기술의 다른 버전입니다. 공에 등을 지고 착지하지 않고, 공 옆으로 착지합니다. 옆으로 굴러가는 공을 발바닥으로 세우고, 세운 발은 공 옆으로 착지합니다. 그와 동시에 반대쪽 발 아웃사이드로 공이 굴러가는 방향을 재빨리 바꿉니다. 공을 뛰어넘어 착지한 다리는 확실히 굽혀서 체중을 흡수합시다.

1 옆으로 드리블. 2 왼발바닥으로 공을 멈춤과 동시에 공을 뛰어넘는다. 3 공 옆쪽으로 착지해서 오른발 아웃사이드로 공을 반대 방향으로 민다.

4 반대 발로도 똑같이 연습한다. 오른발로 공을 세워서 공을 뛰어넘는다. 5·6 공 옆으로 착지해서 왼발로 공을 자신이 왔던 방향으로 민다.

기본 테크닉 트레이닝

발바닥으로 끌어오기
→반대 발 인사이드

1 왼쪽으로 왼발로 드리블 2 속도를 줄여서 공을 왼발바닥으로 멈춘다. 멈춤과 동시에 자기 쪽으로 공을 끌어온다.

5 오른쪽으로 드리블한다. 6 속도를 줄여서 공을 차는 척한 뒤, 오른발바닥으로 공을 멈춤과 동시에 자기 쪽을 공을 끌어온다.

개인 기술을 익히자

반대 발 인사이드로 방향을 바꾸는 방법을 연습해봅시다. 몸 쪽으로 깊게 공을 끌어와서 충분히 몸을 열어 인사이드로 방향을 바꾸기까지 모든 동작을 깔끔히 이어지게 하는 것이 포인트입니다.

3 · 4 끌어온 공을 오른발 인사이드로 오른쪽 대각선 앞으로 밀어서 방향을 바꾼다. 여기에서 V자를 그리듯이 공을 움직인다.

7 · 8 공을 끌어옴과 동시에 몸이 방향을 바꿔서 반대 발 인사이드로 오른쪽 대각선 앞쪽으로 공을 민다.

기본 테크닉 트레이닝
끌어와서 디딤발 뒤로 보내기

이 기술은 경기 중 많이 쓰이는 방향 전환 기술 중 하나입니다. 정확한 동작을 익힙시다. 익숙해지면 방향을 바꾸기 전에 킥 페인트를 크게 하거나 속도를 빠르게 하는 등 변화를 줘서 연습해 보세요. 얼굴은 항상 들고 할 수 있도록 반복해서 연습하고 실제 경기에서도 자꾸 써봅시다.

1 왼쪽으로 드리블. 2 왼발바닥으로 공을 멈추고 공을 자기 쪽으로 끌어온다. 3 끌어온 공을 왼발 인사이드로 디딤발 뒤로 보낸다.

4 오른발 아웃사이드로 반대 방향으로 나아간다. 5 오른발바닥으로 공을 멈추고 동시에 자기 쪽으로 끌어온다. 6 오른발 인사이드로 공을 디딤발 뒤로 보내고 왼발 아웃사이드로 나아간다.

기본 테크닉 트레이닝

크루이프 턴 (Cruijff Turn 요한 크루이프의 기술)

골문 앞에서 슛하거나 측면에서 크로스하는 장면을 상상하며 연습할 필요가 있습니다. 우선 드리블에서 크게 킥하는 척하는 속임 동작을 취하고, 디딤발로 몸을 지지합니다. 그다음엔 공을 차지 말고 같은 발 인사이드로 디딤발 뒤쪽으로 턴합니다. 공은 드리블해왔던 쪽으로 구르게 합니다.

1 오른발로 드리블해서 전진. 2 큰 동작으로 킥 페인트를 한다. 실제 경기에서 상대방이 움직이는 장면을 상상하며 몸을 움직인다.

3 킥 페인트 동작에서 오른발 인사이드로 지금까지 달려왔던 쪽으로 방향을 바꾼다. 4 왼발 아웃사이드로 밀어서 반대 방향으로 드리블. 턴 뒤에 속도를 올린다.

유연성과 리듬감 트레이닝

공에 익숙해지고 기본 동작을 배운 뒤, 공을 다룰 때 유연성과 리듬감이 좋아지는 트레이닝을 하겠습니다.

인사이드 → 인사이드 [1→2드리블]

우선 1-2드리블을 해봅시다. 오른발부터 왼발, 왼발부터 오른발로 공을 움직이면서 리듬 있게 앞으로 나아갑니다. 발목과 무릎을 부드럽게 쓰면서 얼굴을 들고 합시다. 또한, 공은 항상 몸 바로 아래에 두고, 발 주변에서 공이 떨어지지 않도록 합시다.

BALL POINT

공은 몸 바로 아래, 양발 사이에 놓는다.

1 오른발 인사이드로 터치해서 왼발로 보낸다. 2 왼발 인사이드로 터치해서 오른발로 보낸다. 3 오른발로 다시 리듬 있게 1, 2를 반복하며 앞으로 나아간다.

유연성과 리듬감 트레이닝
인사이드로 공 보내기→밀기

공을 옆으로 이동한 뒤 전진하는 트레이닝입니다. 공을 옆으로 굴려서 반대 발로 공을 밉니다. 볼 터치는 전부 인사이드를 쓰고 오른발, 오른발, 왼발, 왼발로 2터치씩 나아갑니다. 특히 공을 터치할 때는 무릎을 유연하게 유지하고 발목 스냅을 쓰면 좋습니다.

1·2 오른발 인사이드로 공을 몸 쪽으로 가게 해서 왼발로 보낸다. 3 왼발 인사이드로 공을 앞으로 민다.

4 밀어낸 공을 왼발 인사이드로 몸 쪽으로 가게 해서 오른발로 보낸다. 5 오른발 인사이드로 공을 앞으로 민다. 1로 돌아가서 되풀이한다.

유연성과 리듬감 트레이닝

발바닥→인사이드

공의 움직임과 터치의 흐름은 앞 페이지와 같습니다. 옆으로 공을 이동시킬 때 발바닥으로 공을 반대 발로 가도록 굴립니다. 앞으로 이동시킬 때는 <u>무릎을 깊게 굽히고 인사이드로 공을 밉니다.</u> 처음에는 천천히 정확하게 움직여봅시다. 속도를 올리면 실수하기 쉬워집니다. 익숙해지면 옆으로 크게 공을 굴립시다.

1 오른발바닥으로 공을 옆으로 굴려서 발로 보낸다. 2 왼발 인사이드로 공을 진행하는 방향으로 민다.

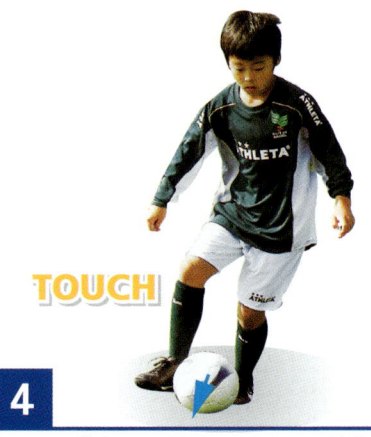

3 다시 왼발바닥으로 공을 굴려서 오른쪽으로 보낸다. 4 오른발 인사이드로 공을 앞으로 민다. 1로 돌아가서 반복한다.

유연성과 리듬감 트레이닝

인사이드→인사이드→방향 전환

어른이 되고 난 뒤에도 기술을 익힐 수 있지만, 다 커서 기술을 익힌 사람의 움직임은 아무래도 간결하지가 않습니다. 어릴 때부터 유연한 볼 콘트롤을 신경 써서 익힙시다. 이 트레이닝에서도 방향을 바꿀 때 무릎을 깊게 굽히고 디딤발을 되도록 떨어뜨려서 자세를 낮게 취합시다.

1 공은 몸의 오른쪽 대각선 앞에 두고 몸에서 조금 떨어뜨려 시작한다. 2·3 오른발 인사이드로 공 앞쪽을 터치하고, 몸에 가까이 오게 해서 왼발로 보낸다.

4 왼발 인사이드로 터치해서 몸 왼쪽에 공을 둔다. 5·6 왼발 인사이드로 공을 가까이 오게 해서 오른발로 보내고 오른쪽 인사이드로 터치한다.

유연성과 리듬감 트레이닝
아웃사이드 → 인사이드

1 왼발 아웃사이드를 써서 공을 왼쪽 대각선 앞으로 민다. 2 왼발 인사이드로 공의 방향을 바꾼다. 가볍게 터치해서 오른발 근처로 보낸다.

5·6 오른발 인사이드로 왼쪽으로 바꾼다. 발목을 부드럽게 써서 발목만으로 방향을 바꿀 수 있도록 하자.

개인 기술을 익히자

기본 트레이닝으로 했던 '아웃사이드 →인사이드'를 양발로 해보는 트레이닝입니다. 인사이드로 터치하고 바로 반대 발 아웃사이드로 터치하는 데 집중합시다. 처음에는 1회씩 볼 터치를 천천히 정확하게 하고, 공은 지그재그로 움직이게 합니다. 무릎을 깊게, 리듬 있게, 큰 폭으로 할 수 있도록 연습해봅시다.

3·4 오른발 근처로 콘트롤한 공을 오른발 아웃사이드로 다시 오른쪽으로 민다.

7·8 오른발 인사이드로 터치한 공을 바로 왼발 아웃사이드로 터치해서 왼쪽 대각선 방향으로 민다.

유연성과 리듬감 트레이닝

끌어오기 → 아웃사이드 [직진]

1 아웃사이드를 써서 앞으로 드리블한다. 2 공을 멈추기 전에 속도를 확 늦춘다.

5 자기 몸 아래로 공이 오면 끌어온 발과 같은 발 아웃사이드로 터치한다. 6 나아가는 쪽으로 크게 공을 앞으로 민다.

개인 기술을 익히자

63쪽에서 했던 트레이닝은 끌어온 공을 V자로 움직여서 전진했지만, 여기에선 공을 직선으로 끌어와서 직선으로 밉니다. 공을 끌어오기 전에는 드리블 속도를 늦추고, 공을 끌어오는 순간, 단숨에 속도를 올려서 드리블합니다. 스톱&스타트로 상대를 뿌리칠 때 쓰는 기술입니다. 속도에 확 변화를 줍시다.

3 오른발바닥으로 공을 멈춘다. 공을 멈춤과 동시에 그대로 발바닥으로 공을 자기 쪽으로 끌어온다. 4 오른쪽 발끝을 지면으로 향하게 하고 발을 든 채로 있는다.

7·8 공을 민 순간, 단숨에 속도를 올려서 드리블한다. 다시 속도를 내려서 1로 돌아가 반복한다. 반대 발로도 해보자.

유연성과 리듬감 트레이닝

끌어오기 → 아웃사이드 [대각선 앞으로]

이번에도 스톱&스타트 기술입니다. 공은 자기 몸 옆에 둡니다. 대각선 앞으로 드리블해서 공을 발바닥으로 스톱시켰다가 다시 끌어와서 같은 발 아웃사이드로 스타트해서 상대를 제치는 장면을 상상합시다. 공을 끌어올 때부터 아웃사이드로 나아갈 때까지 발이 땅에 닿지 않게 합시다. 동시에 속도를 올리는 것도 중요합니다.

1·2 공은 자기 대각선 오른쪽에 두고, 아웃사이드 드리블로 대각선 오른쪽으로 나아간다. 3 공을 멈추기 전에 속도를 확 줄인다.

4·5 드리블했던 오른발바닥으로 공을 자기 쪽으로 가져온다. 6 같은 발 아웃사이드로 공을 드리블과 같은 방향으로 민다. 동시에 속도를 올려서 드리블한다.

유연성과 리듬감 트레이닝

끌어오기→인사이드→아웃사이드

앞 페이지에서 배운 것을 응용합니다. 우선 아웃사이드로 '1-1드리블'을 자유자재로 속도를 바꿔가며 할 수 있도록 합니다. 그리고 공을 멈추고 움직이게 하는 걸 반복해서 할 수 있는 것이 중요합니다. 이번에는 발바닥으로 끌어와서 인사이드→아웃사이드 순으로 합니다만, 능숙해지면, 아웃사이드→인사이드 순으로도 연습해봅시다.

1 오른발 아웃사이드 드리블로 정면을 향해 드리블한다. 2·3 충분히 속도를 늦춘 뒤, 발바닥으로 공을 멈추고 자기 쪽으로 끌어온다.

4 같은 발 인사이드로 공을 진행 방향으로 민다. 5 오른발은 땅에 붙이지 말고, 왼발로 스텝을 밟으면서 오른발 아웃사이드로 터치한다. 6 처음으로 돌아가서 반복한다.

유연성과 리듬감 트레이닝

끌어오기 → 아웃사이드 → 턴

기본 트레이닝의 목적은 자기 몸과 공을 자유자재로 다루는 것을 배우는 것이었습니다. 여기에선 거기에 더해 유연성과 리듬감을 키우는 것을 목적으로 합니다. **리듬 있게 드리블하고 재빨리 턴을 하려면 상반신을 잘 쓰고 무릎을 깊게 굽혀서 되도록 자세를 낮춰야 합니다.** 유연하고 리듬 있게 공을 다루는 선수는 보고 있으면 기분이 좋아집니다.

1 오른발 아웃사이드 드리블로 직진한다.

4·5 자기 뒤로 굴러가는 공에 맞춰 몸을 180도 회전하면서 오른발 아웃사이드로 터치한다. 자신이 달려온 코스로 공을 굴려서 직진 드리블한다.

개인 기술을 익히자

2·3 충분히 속도를 떨어뜨린 뒤, 오른발바닥으로 공을 멈추자마자 오른발로 공을 자기 뒤로 보낸다.

6 속도를 늦추고 이번에는 왼발바닥으로 공을 멈추고 자기 뒤로 공을 뺀다. 7 몸을 반전시켜서 왼발 아웃사이드로 민다.

유연성과 리듬감 트레이닝
발바닥으로 밀기→굴리기

1 왼발바닥을 공엔 댄 상태에서 시작. 2 발바닥으로 대각선 앞으로 밀듯이 굴린다. 이때 오른발로 스텝을 밟고 왼발은 지면에 닿지 않도록 한다.

5・6 공을 굴린 발을 크로스하고, 공을 오른발로 멈춘다. 7 멈춘 순간, 공을 오른쪽 대각선 앞으로 민다. 동시에 왼발은 살짝 점프해서 전진한다.

개인 기술을 익히자

이제까지 트레이닝과는 몸을 쓰는 법이 조금 다릅니다. 공에 발바닥을 댄 상태에서 공을 앞으로 미는 동시에 한 발로 깡총 뛰듯이 나아갑니다. 착지 후에도 같은 발로 공을 다뤄야 하기 때문에 디딤발만으로 점프합니다. 착지한 뒤에는 재빨리 공을 굴립니다. 되도록 큰 폭으로 공을 움직입니다. 의식적으로 무릎을 유연하게 잘 써야 합니다.

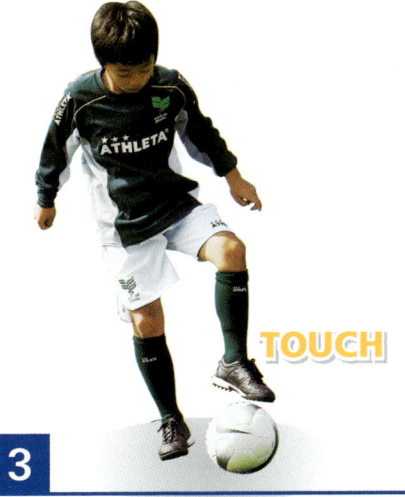

3 오른발로 뛰어오르듯이 스텝을 밟고 공을 굴린 왼발은 그대로 공 위에 올린다. 4 공을 터치함과 동시에 오른발 쪽으로 공을 굴린다.

8 오른발로 공을 멈추고 왼쪽으로 굴린다. 9 두 다리를 X자로 해서 왼발로 공을 멈춘다. 1로 돌아가서 반복한다.

유연성과 리듬감 트레이닝

발바닥으로 번갈아 굴리기

이 트레이닝은 다리를 좌우 번갈아 쓰는 기술입니다. 여기까지 오면 발바닥을 쓰는 게 익숙해졌겠지만, 아직 좌우 발을 똑같이 쓰지 못하는 사람은 우선 한 발씩 연습해주세요. 그 경우, 나아갈 방향으로 몸을 비스듬히 기울여서 옆을 보고, 발로 공 위를 건드려서 굴리는 연습을 합시다. 양발 똑같이 할 수 있을 때까지 해봅시다.

1·2·3 몸 오른쪽에 공을 두고 오른발바닥으로 공을 굴린다. 공은 몸 앞을 거쳐 왼발로 보낸다.

4·5·6 공이 몸 왼쪽으로 오면 왼발바닥으로 몸 오른쪽으로 굴린다.

유연성과 리듬감 트레이닝

발바닥으로 굴리기→공 넘기

앞 페이지의 '발바닥으로 번갈아 굴리기'에 공을 한쪽 발로 넘는 동작을 더한 것입니다. 공이 몸 앞을 지날 때 넘습니다. 별로 어려운 기술은 아니지만, 처음 할 때는 많은 사람이 잘못된 방법으로 하곤 합니다. 일단 머리로 이해한 다음, 시범을 보여줄 사람이 있다면 보면서 따라 해봅시다.

1 오른발바닥으로 공을 몸의 왼쪽으로 굴린다. 2·3 공이 몸 앞을 지나간 순간, 왼발로 공을 넘고 왼발 뒤를 거쳐 몸의 왼쪽으로 보낸다.

4 굴러온 공을 그대로 왼발로 반대쪽으로 굴린다. 5·6 공이 몸 앞을 지나갈 때 오른발로 공을 넘고, 오른발 뒤를 거쳐 왼쪽으로 보낸다.

유연성과 리듬감 트레이닝
아웃사이드→인사이드 [변화]

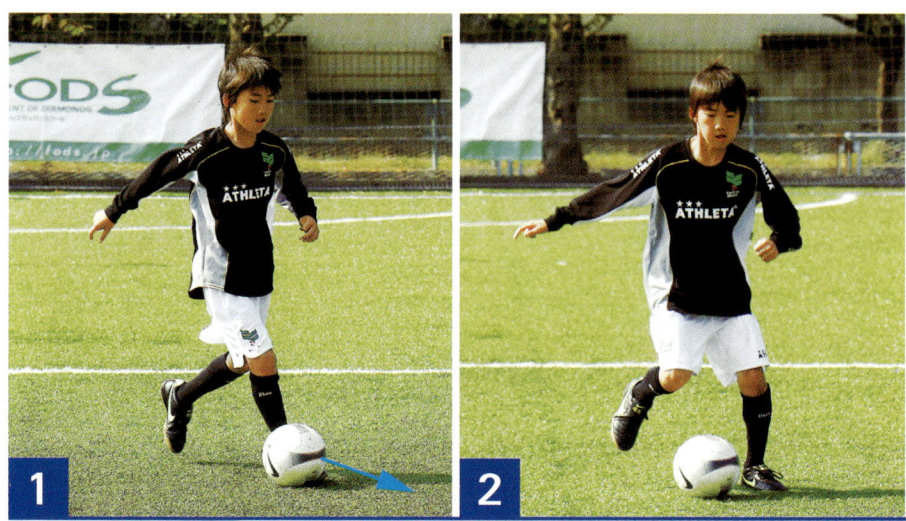

1 왼쪽으로 왼발 아웃사이드 드리블. 2 속도를 떨어뜨려서 방향 바꿀 준비를 한다.

5·6 오른쪽으로 온 공을 오른발 아웃사이드로 드리블해서 그 방향으로 간다. 7 다시 한 번 방향전환을 위해 속도를 늦춘다.

개인 기술을 익히자

방향을 바꾸는 기술이지만, 돌파할 때도 쓸 수 있는 기술입니다. 방향을 바꿀 때는 항상 상대가 있다고 가정하고 합시다. 포인트는 인사이드로 발 뒤를 거쳐 방향을 바꾼 뒤, 곧바로 반대 발 아웃사이드로 터치하는 것과 기본이 되는 1-1드리블의 속도 조절입니다. 돌파하는 경우, 방향전환 후에 속도를 올립니다.

3·4 왼발 인사이드로 공을 오른쪽으로 보내고 오른발 뒤를 거치게 해서 방향을 바꾼다. 인사이드로 터치할 때는 가볍게 점프해서 스텝을 밟으면 좋다.

8 오른발 인사이드로 방향을 왼쪽으로 바꾼다. 동시에 왼발을 살짝 들어 왼발 뒤를 거쳐 왼쪽으로 공이 가게 한다. 9 처음으로 돌아가서 반복한다.

유연성과 리듬감 트레이닝
아웃사이드→아웃사이드

아웃사이드 1-1드리블을 좌우 발로 2터치씩 하면서 나아가는 트레이닝입니다. 몸은 정면을 향해 나아가지만, 공은 지그재그를 그리듯이 움직이게 합시다. 터치하는 발을 바꿀 때, 발을 크로스하는 동작이 들어갑니다. 주의할 점은 항상 발로 정확히 공을 터치해야 한다는 것입니다. 원터치로도 도전해봅시다.

1 왼발 아웃사이드로 공을 왼쪽 대각선 앞으로 민다. 2 같은 발 아웃사이드로 다시 한번 터치한다. 17쪽의 1-1드리블처럼 해보자.

3 스텝을 밟아서 오른발 아웃사이드로 공을 오른쪽 대각선 앞으로 민다. 4 같은 발 아웃사이드로 공을 같은 방향으로 민다. 1로 돌아가서 반복한다.

유연성과 리듬감 트레이닝

스톱→스텝→아웃사이드

페인트 트레이닝에 들어가기 전에 익혔으면 하는 기술입니다. 기본이 되는 것은 1-1드리블입니다. 대각선 앞쪽으로 1-1드리블하다가 반드시 한 번 공을 멈추고 공 옆으로 스텝을 밟습니다. 그때 무릎을 충분히 굽힘과 동시에 상반신을 옆으로 기울이면 좋습니다. 눈앞에 적이 있다고 생각하고 해봅시다.

1 오른쪽 대각선 앞쪽으로 드리블해서 오른발바닥으로 공을 멈춘다. 2 발로 공을 넘어 오른쪽 옆으로 착지한다. 3 무릎을 굽혀서 왼발 아웃사이드로 공을 왼쪽으로 보낸다.

4 왼쪽 대각선 앞으로 드리블해서 왼발바닥으로 스톱. 5 공을 넘고 왼발로 착지. 6 오른발이 지면에 닿지 않은 상태에서 아웃사이드로 오른쪽으로 민다.

유연성과 리듬감 트레이닝

인사이드→공 넘기→반대 발 스톱

1 오른발 인사이드로 왼쪽으로 공을 굴린다. 2 굴린 공에 맞춰서 오른발을 들어서 공을 넘는 동작을 한다.

5 왼발 인사이드로 굴러온 공을 멈춘다. 6 왼발 인사이드로 공을 몸의 오른쪽 대각선 앞으로 굴린다.

개인 기술을 익히자

　발로 공을 넘는 동작(헛다리)이 들어간 트레이닝을 이어서 하겠습니다. 목적은 공을 소유할 때 유연성을 익히기 위함이지만, 동시에 **페인트 트레이닝**도 되기 때문에 순서에 따라 마스터합시다.

3 공 위를 스쳐 지나가듯이 오른발로 공을 넘는다. 4 오른발과 왼발 순으로 1·2 리듬으로 착지한다. 이때 무릎을 충분히 굽히고 자세를 낮춘다.

7 왼발로 공을 넘고 1·2 리듬으로 착지한다. 8 착지하면 오른발 인사이드로 공을 멈추고, 오른발 인사이드로 왼쪽으로 굴린 뒤, 처음으로 돌아간다.

유연성과 리듬감 트레이닝

인사이드→공 넘기→인사이드

1 오른발 인사이드로 공을 왼쪽으로 굴린다. 2·3 굴린 공에 맞춰 오른발로 공을 넘는다.

6·7 공을 밀어냄과 동시에 드리블하고, 왼발로 공을 넘는다.

개인 기술을 익히자

이번에는 공을 넘어 방향전환 하는 트레이닝을 해보겠습니다. 포인트는 발로 공을 확실히 넘어서 착지하는 것입니다. 늘 상대가 있다고 생각하고 착지한 뒤, 턴은 재빠르게 합시다.

4 1·2 리듬으로 착지한다. 5 공을 멈추지 말고 그대로 왼발 인사이드로 재빨리 공의 방향을 바꾼다.

8·9 공을 넘은 뒤, 공 옆에 착지한다. 10 굴러온 공을 원터치로 몸 왼쪽으로 밀고, 처음으로 돌아가 반복한다.

유연성과 리듬감 트레이닝

공 넘기 → 아웃사이드

상대를 제칠 때 쓸 수 있는 기술을 배우면서 유연성과 리듬감을 더해 **풋워크와 볼 터치를 빠르게** 할 수 있도록 연습 합시다.

1 공을 멈춘 상태에서 오른발로 공을 넘는다. 2 오른쪽, 왼쪽 순으로 공 옆에 착지한다. 공을 넘고 체중을 왼쪽에 싣는다.

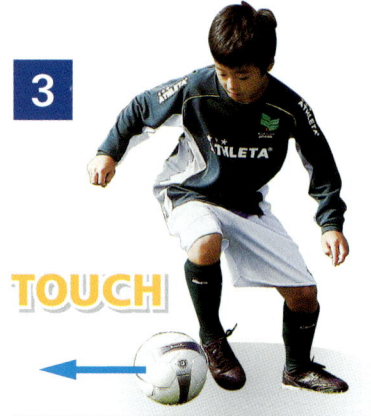

3 양발이 땅에 닿으면 바로 오른발 아웃사이드로 터치해서 몸 오른쪽 대각선 앞으로 민다.
4 공을 멈추면 이번에는 왼발로 넘어 왼발 아웃사이드로 민다.

유연성과 리듬감 트레이닝

인사이드→공 넘기→아웃사이드

앞 페이지의 기술을 활용합니다. 공을 넘을 때는 동작을 크고 유연하게 하고, 무릎을 충분히 굽히세요. 넘은 뒤엔 자세를 낮춥니다. 아웃사이드로 공을 밀기까지 동작을 리듬 있게 반복해서 연습합시다.

1 오른발 인사이드 드리블로 왼쪽으로 향한다. 2·3 오른발 인사이드로 공을 터치한 뒤, 바로 오른발로 공을 넘는다. 넘을 때는 몸 전체를 움직이자.

4 오른발, 왼발 순으로 공의 옆에 착지. 5·6 착지와 동시에 오른발 아웃사이드로 공을 터치. 오른쪽으로 공을 민다. 반대 발로도 연습해보자.

유연성과 리듬감 트레이닝

공 넘기 [안] → 공 넘기 [밖] → 아웃사이드

1 오른발 인사이드로 공을 왼쪽으로 민다. 2 오른발로 굴린 공을 오른발로 넘는다. 3 오른발, 왼발 순으로 공의 대각선 뒤로 착지한다.

6·7 왼발 인사이드로 오른쪽을 향해 방향을 바꾸고, 오른쪽을 향해 드리블한다. 그리고 이번에는 왼발로 바깥쪽에서 안쪽으로 넘는다.

개인 기술을 익히자

공을 넘기 전과 후의 볼 터치를 되도록 빠르고 정확하게 합시다. 공을 다루는 속도는 페널티 지역처럼 결정적인 곳에서 드리블할 때 특히 중요합니다. 되풀이해서 연습합시다.

4 왼발이 땅에 닿자마자 오른발을 들어서 안쪽에서 바깥쪽을 향해 볼을 넘는다. 5 오른발, 왼발 순으로 착지해서 바로 왼발 아웃사이드로 공을 왼쪽으로 민다.

8 왼발 착지. 9 오른발이 착지한 순간, 바로 왼발을 들어서 안쪽에서 바깥쪽으로 공을 넘는다. 10 오른발 아웃사이드로 공을 오른쪽을 민다.

유연성과 리듬감 트레이닝

시저스

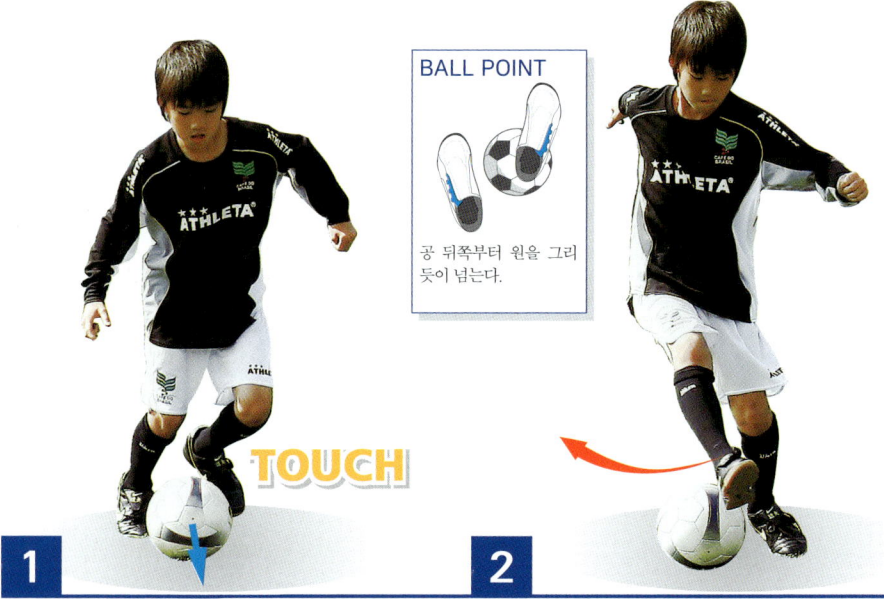

BALL POINT

공 뒤쪽부터 원을 그리듯이 넘는다.

TOUCH

1　**2**

BALL POINT

공 뒤쪽에서 바깥쪽으로 행해 시저스.

4 왼발을 바깥쪽에서 안쪽으로 움직여서 시저스. 5·6 왼발을 공 옆에 착지시킨다. 몇 번 반복한 다음, 아웃사이드로 공을 앞으로 민다.

4

개인 기술을 익히자

시저스(Scissors)란 영어로 가위를 뜻합니다. 이것도 스텝 오버처럼 헛다리 짚기의 일종입니다. 이 책에선 공을 발로 안쪽에서 바깥쪽으로 넘는 걸 말합니다. 몸에서 볼 때 안쪽에서 공 앞을 거쳐 바깥쪽으로 원을 그리듯이 다리를 움직입시다. 처음엔 공 없이 동작을 연습해봅시다.

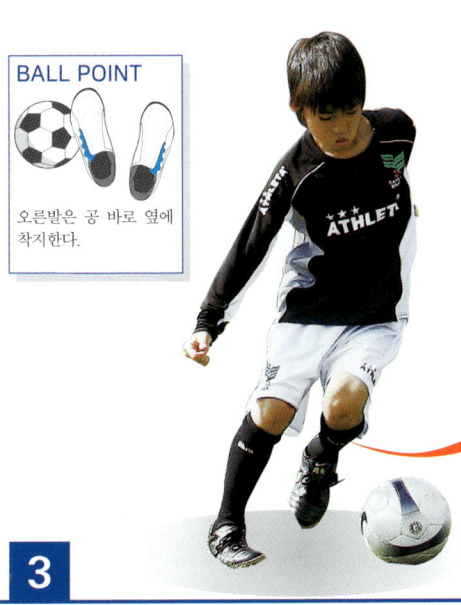

BALL POINT
오른발은 공 바로 옆에 착지한다.

1 정면을 향해 드리블. 2 오른발을 안쪽에서 바깥쪽으로 움직여서 시저스. 3 오른발을 공 바로 옆에 두고 착지한 순간 왼발로 시저스 할 준비를 한다.

BALL POINT
시저스 한 발은 공 옆이나 조금 대각선 뒤에 놓는다.

TOUCH

페인트

페인트란 슛이나 패스를 하기 위해 상대를 속이는 것입니다. 적을 제치겠다는 마음이 가장 중요합니다.

인아웃

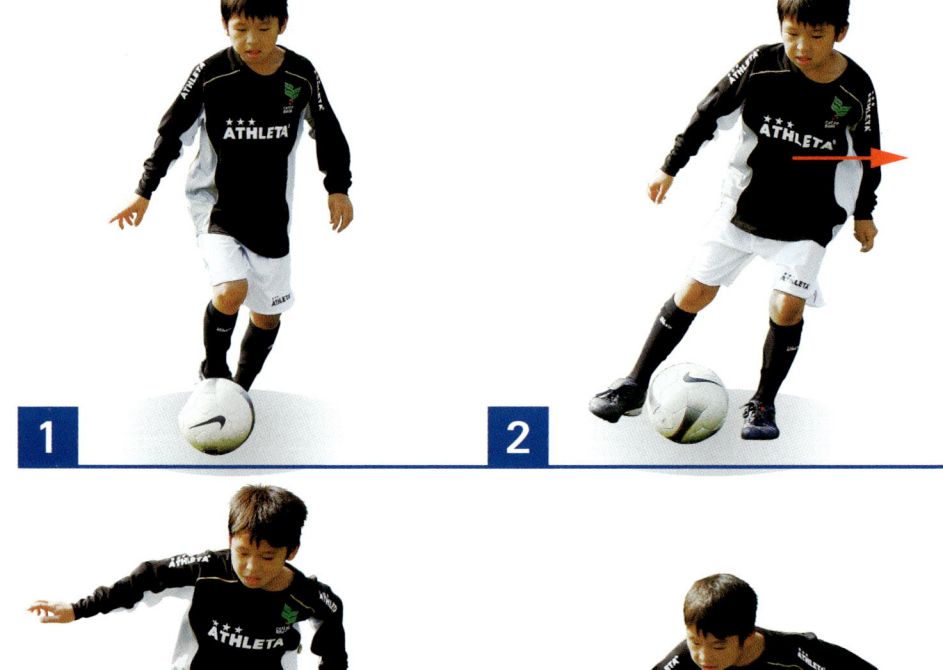

4·5 왼발로 스텝을 밟아서 왼쪽으로 굴러온 공을 오른발 아웃사이드로 공을 오른쪽으로 민다.

BALL POINT

공 뒤쪽부터 원을 그리듯이 넘는다.

인아웃은 앞으로 배울 페인트의 축이 되는 기술입니다. 포인트는 기술을 걸 때까지 공을 몸 아래에 두는 것과 인사이드에서 아웃사이드로 터치할 때까지 발을 지면에 안 닿게 하는 것입니다. '인, 스텝, 아웃!'을 기억하고 해봅시다.

자연스럽게 쓸 수 있을 때까지 반복해서 연습한 뒤, 실제 경기에서 써봅시다.

1·2 1-1드리블하다 속도를 충분히 떨어뜨린 뒤, 몸을 공 왼쪽으로 기울인다. 3 오른발 인사이드로 공을 가볍게 터치해서 몸 쪽으로 붙인다.

6·7 최고속도로 드리블해서 상대 옆을 빠져나간다. 속도를 올려서 드리블로 빨리 제치는 게 중요하다.

페인트

인아웃→공 띄우기

앞 페이지의 '인아웃'에서 아웃사이드로 공을 띄워서 상대를 제치는 기술입니다. 아웃사이드로 공을 띄워서 적의 발을 넘깁니다. 적의 발에 걸리지 않도록 주의합시다. 인아웃의 기본 테크닉을 마스터한 뒤에는 이런 식으로 변화를 줘봅시다. 눈앞의 적을 꼭 제치겠다는 일념으로 상대를 보면서 틈을 노리는 것이 중요합니다.

TOUCH

1   2

1·2 오른발 인사이드로 공을 몸 쪽으로 가져온 뒤, 왼발로 스텝을 밟아 오른발을 공 아래로 넣는다.

개인 기술을 익히자

상대에게 읽혔다고 느끼면

상대가 내민 발 위를 공이 넘어가는 장면을 생각하며 공을 띄울 것.

BALL POINT

공 아래에 발을 넣어서 공을 띄운다.

TOUCH

3  **4**

3·4 오른발 아웃사이드로 공을 오른쪽 대각선 앞으로 살짝 띄운다. 공이 떨어지는 곳에 몸을 재빨리 넣어서 상대를 따돌린다.

101

페인트

스텝1

BALL POINT

오른발 인사이드로 공을 터치한다.

4·5 올린 오른발을 공 옆으로 내리고 다시 한 번 스텝을 밟고, 왼발 아웃사이드로 공을 왼쪽으로 보낸다. 6 속도를 올려서 상대를 제친다.

개인 기술을 익히자

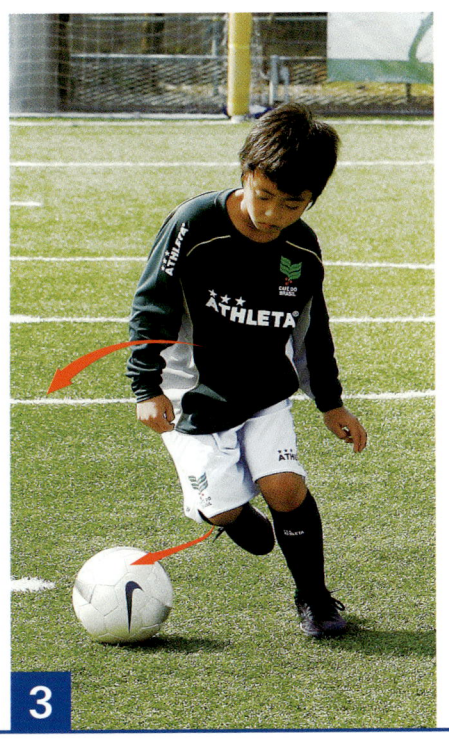

앞의 '인아웃'이 완벽하게 자기 것이 되면, 다음에 배울 기술입니다. 인아웃을 할 수 있으면 쉽게 할 수 있습니다. 인아웃보다 스텝을 한 번 더 밟습니다. 인사이드로 터치한 뒤, 스텝을 2회 밟게 됩니다. 포인트는 무릎을 굽혀서 재빨리 스텝을 밟는 것입니다. 상반신을 흔들어서 적을 혼란시키는 방법도 좋습니다.

1 오른발 인사이드로 원터치. 2 왼발로 공 옆으로 스텝을 밟는다. 3 오른발 아웃사이드로 공을 오른쪽으로 보내는 척한다.

페인트

스텝2

'스텝1'에 스텝을 더 추가해서 상대의 오른쪽으로 빠져나가는 방법입니다. 처음부터 상대의 오른쪽 틈을 노리고 기술을 거는 방법도 있지만, 가령 왼쪽으로 빠져나가 왼발로 슛을 하기 위해 스텝1 기술을 구사했는데, 막혔을 때 다시 한번 스텝을 밟아서 오른쪽으로 빠져나가는 방법도 있습니다. 인사이드 첫 터치에 집중하고, 스텝을 빨리 밟읍시다.

1 오른발 인사이드로 공을 원터치.

4·5 다시 한번 왼발로 스텝한다. 공과 내가 떨어지지 않도록 공 가까이에서 스텝을 밟자.

개인 기술을 익히자

BALL POINT

공 옆으로 스텝을 밟는다.

2

3

2 · 3 왼발로 스텝을 밟아서 오른발 아웃사이드로 공을 터치하는 척하다 오른발을 그대로 지면에 붙이고 스텝을 밟는다.

TOUCH

6

7

6 · 7 오른발 아웃사이드로 공을 오른쪽으로 보내고 속도를 올려서 상대를 제친다.

105

페인트

시저스

96쪽에서도 시저스를 소개했지만, 여기에선 상대가 눈앞에 있다고 생각하고 해봅시다. '인아웃' 동작에서 아웃으로 터치를 바꾸면 시저스가 됩니다. 경기 중에 한 번 적에게 인아웃을 보여준 뒤, 또 만날 땐 인아웃을 할 것처럼 하다가 시저스를 하면 상대를 속이고 따돌릴 수 있습니다. 이 두 가지 기술을 적절히 구사하면 상대의 허를 찌를 수 있습니다.

1 공을 몸 아래에 둔다.

개인 기술을 익히자

BALL POINT

오른발 인사이드로 공을 터치한다.

TOUCH

2

3

2 · 3 오른발 인사이드로 공을 터치하면서 공을 몸 쪽에 붙인다.

TOUCH

6

2 · 3 오른발 인사이드로 공을 터치하면서 공을 몸 쪽에 붙인다. 4 · 5 왼발로 스텝을 밟아서 공 앞을 거쳐서 원을 그리듯이 오른발로 안쪽에서 바깥쪽으로 공을 넘는다. 상대는 아웃사이드로 오른쪽으로 간다고 오판한다. 6 상대가 오른쪽으로 움직인 틈에 왼발 아웃사이드로 공을 왼쪽으로 빼서 제친다.

페인트
더블 시저스

1 공을 몸 오른쪽에 두고 시작. **2·3** 오른발 인사이드로 공을 가져와서 왼발로 크게 스텝을 밟는다.

6·7 오른발을 크게 옆으로 내밀어서 스텝을 밟는다. 마찬가지로 왼발도 안쪽에서 바깥쪽으로 움직여서 공을 넘는다.

개인 기술을 익히자

'시저스'에 시저스를 하나 더하는 '더블 시저스'입니다. 몸이 크면 더 크게, 작으면 재빨리 하는 식으로 자신의 신체 특징에 맞게 공을 한 발로 넘는 동작을 해주세요. 그리고 페인트는 적을 제치기 위해서만 있는 게 아닙니다. 아웃사이드로 패스하는 척하다가 방향을 바꾸거나 슛 코스를 만들 때 등 여러 가지로 쓰입니다. 자, 계속 연습합시다.

4·5 공 주위에 원을 그리듯이 오른발로 공을 넘는다.

8·9 공을 넘은 왼발이 땅에 닿으면, 오른발 아웃사이드로 공을 터치해서 오른쪽으로 공을 보내고, 속도를 올려 드리블한다.

페인트

기술을 거는 타이밍

1 공은 몸 오른쪽에 두고 시작. 2 오른발 인사이드로 공을 몸 앞에 붙인다. 3 왼발로 스텝을 밟는다. 이렇게 하면 상대는 자기 오른발 쪽으로 체중을 싣게 된다.

1 몸 앞의 터치하기 쉬운 곳에 공을 놓고 상대가 양발을 준비하게 한다. 2·3 상대가 발을 뻗는 순간, 바로 오른발 인사이드로 공을 왼쪽으로 몬다.

경기 중 페인트를 잘 쓸 수 있으려면 그때까지의 움직임, 다시 말해 기술을 거는 방법에 90%가 달렸습니다. 기술을 거는 타이밍을 결정하기 위해 우선적 뒤에 공간이 있는지 확인합시다. 그 다음엔 페인트로 적을 제칠 틈을 찾아내서 적의 발이 닿지 않는 쪽으로 공을 몰고 가도록 합시다. 기술을 거는 타이밍을 잘 찾아내는 자가 적을 제압할 수 있습니다.

4 오른발 아웃사이드로 공을 오른쪽 앞으로 몬다. 5·6 상대 뒤로 공을 보내서 속도를 올려 상대를 제치고 슛으로 연결하자.

4·5·6 상대가 당황하는 사이, 왼발 아웃사이드로 공을 상대 뒤로 보내서 제친다.

제 2 장
상대를 제압하기 위해

개인 기술을 익혔으면, 그것을 실제 경기에서 쓸 줄 알아야 합니다.
공을 빼앗아 골을 넣는 방법을 알면 공격적인 선수가 될 수 있습니다.

공 빼앗기

공을 상대로부터 빼앗는 능력은 경기에서 득점을 위해 드리블, 패스, 슛을 하는 것처럼 빠뜨릴 수 없는, 중요한 기술입니다.

수비적인 시스템에 따른 능력 차

어떤 팀은 '수비적인 시스템'을 앞세웁니다. 실점을 안 하려고 상대보다 많은 인원을 수비에 두면서 공격 비중은 작게 둡니다. 이런 상황에서는 혼자서 상대를 막거나 공을 뺏는 능력이 향상되지 않습니다. 아울러 공격 능력 역시 향상되는 데 한계가 생깁니다. '시스템'으로 수비에 치중하는 팀에서는 승부를 거는 선수가 잘 나오지 않습니다. 움츠려서 자기 지역을 지키기만 하는 '시스템'으로부터 당장 나옵시다.

공을 빼앗으려는 의식이 강한 팀을 선택한다

'승부를 거는 선수'가 되려면 공을 빼앗으려는 의욕이 강해야 하고, 그런 선수가 많은 팀에 속해야 합니다. 공을 빼앗으러 오는 선수를 상대로 매일 훈련해야 자신이 익힌 기술을 실전에서 쓸 수 있기 때문입니다. '공을 서로 빼앗으려는 팀'이어야 승부를 거는 선수도 많이 나옵니다.

공을 빼앗는 능력은 득점과 이어지는 드리블, 패스, 슛과 똑같은 가치가 있습니다. 경기에서 골이 나올 때, 팀의 누가 그 공을 상대로부터 빼앗았는지 떠올려 봅시다.

슬라이딩

'수비'가 어렵습니까?

'달리는 게' 힘듭니까?

'헤딩'이 아픕니까?

지도자 중에는 선수 시절 슬라이딩이 어렵다는 인상을 받아서 싫어하는 분도 있는데, 여러분은 어른들만큼 슬라이딩을 싫어하진 않을 겁니다.

여러분은 수비 방법을 더 배우고 싶을 테고, 달리는 걸 좋아해서 더 달리고 싶을 거예요. 다이빙헤딩이나 오버헤드킥도 하고 싶을 테지요. 몸을 부딪치는 게 힘들지 모르지만, 슬라이딩하는 건 좋아할 겁니다.

상대로부터 공을 빼앗는 기술로서 슬라이딩을 익혀두면, 축구의 즐거움이 배가 됩니다. 훌륭한 슬라이딩 태클도 축구의 즐거움 중 하나입니다.

어느 축구선수의 이야기

어느 곳에 공을 잘 못 차는 소년이 있었습니다. 대신 소년은 기술이 좋았습니다. 어떤 상황에서든 드리블하는, 드리블을 아주 좋아하는 소년이었습니다.

소년은 상대에게 공을 거의 빼앗기지 않았지만, 슛이 좋지 않았습니다. 소년은 날마다 공을 차는 연습을 했습니다. 그러나 아무리 연습해도 강한 슛이 나오지 않았습니다.

소년은 고민했습니다. '나도 골을 넣고 싶어!' 그때였습니다. 코치가 말했습니다.

"그렇게 슛이 어려우면, 골키퍼를 제치면 돼. 그럼 어떤 슛이든 들어갈 거야."

소년은 '맞아!' 하고 생각했습니다.

그 뒤 소년은 물을 만난 고기처럼 골문을 향해 드리블을 계속 시도했습니다. 그러자 소년은 누구보다 뛰어난 드리블 실력을 갖추게 되었고, 꿈을 이룰 수 있었습니다.

어느 축구선수의 이야기입니다.

아웃사이드 슬라이딩

1 상대와 나란히 달리면서 타이밍을 맞춘다. 2 발 주변에서 공이 떨어질 때를 노려서 미끄러져 들어간다.

발바닥 슬라이딩

1 공을 쫓으면서 빠르게 달려든다. 2 재빨리 공을 향해 미끄러진다. 상대가 공에 다가가기 전에 재빨리 발을 댄다. 반대쪽 발은 몸 아래로 오도록 한다.

슬라이딩에서 패스

1 공을 향해 미끄러져 들어가 인사이드로 공을 따낸다. 2 공을 지키며 일어난다. 3 주위를 확인한 뒤, 우리 편에게 패스한다.

공 차기/받기

드리블과 공을 빼앗는 기술을 익혔다면, 공을 잘 차고 받는 법에 관해 배워봅시다.

개인 테크닉과 강한 킥을 갖추자

17쪽에서 '드리블을 익히기 전에는 공을 차지 말자. 안 차는 편이 낫다'고 썼습니다. 왜냐하면 공을 잘 차는 사람은 적에게 압박을 받았을 때, 공을 차서 벗어나는 방법을 선택하기 때문입니다. 그렇게 되면 드리블을 시도할 기회를 놓쳐버립니다.

그러나 개인 테크닉을 충분히 익힌 뒤에는 공을 차는 편이 좋겠지요. 멀리 강하게 찰 수 있게 되면, 멀리 있는 동료까지 볼 수 있게 되어서 플레이의 종류가 다양해집니다. 플레이의 종류가 다양해진다는 것은 그만큼 머리를 써서 한다는 얘기입니다. 아울러 실수가 늘어날 수도 있습니다. 이때 중요한 것은 '자신이 찰 수 있는 거리를 확실히 아는 것'입니다. 경기 중에 일어나는 패스 미스 대부분은 공이 닿지 못하는 위치의 동료에게 패스하려고 할 때 나오기 때문입니다.

또한, 승부를 거는 선수가 되려면, 공을 많이 차보는 것이 중요합니다. 많이 차봐야 공을 조금씩 강하게 찰 수 있게 되고, 다양한 킥을 할 수 있게 됩니다. 상대가 두려워하는 선수가 되려면 완벽한 개인 테크닉과 강한 킥을 갖춰야 합니다. 그렇게 되면 승부를 두려워하지 않는 뜨거운 심장을 가질 수 있습니다.

차는 연습 – 둘이서 마주 보고 공을 차보자

거리에 따라 킥을 구분해서 차보자. 어느 정도의 세기로 차야 동료에게 공을 보낼 수 있는지 연습으로 파악하고, 목적에 따라 공의 위치를 바꾸는 게 중요한 포인트입니다.

짧은 거리 킥

1·2 짧은 거리로 공을 찰 때는 가볍게 공을 툭 민다. 3 차는 동작은 작고 빠르면서 간결하게 찬다.

긴 거리 킥

1·2 긴 거리로 공을 찰 때는 발에서 공을 좀 멀리 떨어뜨려놓는다. 3 달려가서 발을 디디면서 몸 전체로 공을 강하게 찬다.

킥을 익히기 위한 리프팅 연습

공을 잘 못 차는 사람에게 킥 연습만큼 단순하고 지루한 연습은 없을지도 모르겠습니다. 하지만 꾸준히 하다 보면 어느새 잘 차게 될 겁니다.

모든 축구선수는 볼 필링이 토대가 됩니다. 볼 필링을 마스터하고 기본 테크닉을 반복해서 연습하면 볼 터치와 함께 킥 테크닉도 자연스럽게 향상됩니다. 리프팅(Lifting)에는 그런 테크닉을 키울 수 있는 요소가 있습니다.

목적을 명확하게 하고 리프팅을 하면, 축구 기술을 습득하는 데 큰 도움이 됩니다.

그 사람의 성격이 나오는 리프팅

리프팅은 보기보다 까다롭습니다. 리프팅을 보면 그 사람의 성격을 조금 알 수 있습니다. 한 번이라도 많이 하려고 계속 도전하는 사람, 떨어뜨린 뒤 바로 시작하는 사람, 금방 포기하는 사람 등의 유형이 있습니다. 리프팅에 재미를 붙이세요. 오늘, 내일, 모레, 반년, 1년 지났을 때, 얼마나 능숙해졌는지 횟수로 명확하게 알 수 있어서 좋습니다.

공을 머리 높이까지 올려본다.

시선의 이동이 있기 때문에, 떨어지는 공의 중심을 놓치면, 지속하기 어렵다.

여러 부위를 써본다

1 발 인사이드로 리프팅 해본다. 2 때로는 가슴으로 해보자. 3 넓적다리 리프팅은 부위가 넓어서 하기 편하다.

제한을 둬서 리프팅

1 목 뒤에 놓고 시작. 2 공을 떨어뜨려서 지면에 닿기 전에 인스텝으로 1회. 3 왼쪽 넓적다리로 원터치 한 뒤, 머리로 보낸다.

4 마지막으로 머리로 1회 터치한 다음, 공이 떨어지기 전에 몸을 빙그르 돌린다. 5 등으로 공을 잡아서 종료. 제한된 볼 터치 수로 공을 다루는 어려움을 느껴보자.

공 차기 / 받기

사이드라인 트랩1

여기에선 공을 받아 다루는 기술을 배워봅시다. 보통, 트랩(Trap) 또는 트래핑(Trapping)이라고 합니다. 현대 축구에서는 마크가 점점 심해지고 있습니다. 이런 상황에서 경기 중에 마크하는 수비수에게 공을 빼앗기지 않으려면 패스의 볼 스피드가 더 빨라야 합니다. 그래서 공을 받아서 다루는 기술은 매우 중요한 기술입니다.

1 공을 받기 전에 적과 동료의 위치를 확인하고 다음 플레이를 결정해둔다.

2 인사이드로 확보한 공을 발 주변에 멈추지 않는다. 3 원활하게 다음 플레이로 갈 수 있도록 공을 민다.

공 차기 / 받기

사이드라인 트랩2

기본적으로 자기 앞에 오는 공은 인사이드로 받을 수 있도록 집중하세요. 아웃사이드로 받으면 아무래도 방향이 제한되어버릴 우려가 있기 때문입니다. 그다음엔 '달리면서' 공을 받는 연습을 해봅시다. 가능하면 달리는 속도를 떨어뜨리지 말고, 공도 받아서 세우지 말고 첫 터치가 바로 드리블로 이어지도록 합시다.

1·2 달리면서 공을 받을 준비 한다. 경기 중에는 달릴 때 적이 붙는 경우도 있다. 3 트래핑할 준비를 한다(이때 달리는 속도를 떨어뜨리지 말 것).

4 다가오는 공을 인사이드로 흡수하듯이 트래핑. 이때 가능하면 발 주변에 공을 멈추지 않도록 한다. 5 머리를 들고 자연스럽게 다음 플레이로 넘어간다.

공 차기 / 받기

사이드라인 트랩3

상대의 골문 가까운 곳에서 공을 받을 때는 더 강한 압박을 받을 걸 염두에 두고 준비합시다. 아울러 적을 역동작에 걸리게 하는 '페이크(Fake)'를 연습해두면 좋습니다. 페이크는 되도록 동작을 크게 해서 상대를 속이고, 수비수의 접근을 한 발이라도 늦춰서 시간을 법시다. 뛰어난 선수는 그 짧은 시간에도 결정적인 기회를 만들어냅니다.

1 코트 중앙에서 온 패스를 사이드에서 중앙으로 가면서 받을 준비 한다.

4 몸을 사이드라인 쪽으로 돌린 순간, 공이 온다. 5 사이드라인과 가까운 쪽 발 인사이드로 공을 받는다.

상대를 제압하기 위해

2 몸 전체를 써서 큰 액션으로 페인트를 건다. 3 다음 순간 무릎을 확 굽혀서 사이드라인 쪽으로 방향을 바꾼다.

6 · 7 트래핑한 공을 몰고, 사이드라인을 따라 속도를 올려 직진한다. 인사이드로 콘트롤 하기 때문에 공을 몰 방향을 자유롭게 바꿀 수 있다.

앞을 향하는 트랩

'뛰어난 선수의 조건' 중 하나로 '얼마나 빨리 앞을 향하는지'를 듭니다. 뒤에서 오는 패스를 가능한 한 적은 터치 횟수로 받아서 앞을 향하도록 합시다. 이를 위해서는 늘 얼굴을 들고 주위를 살펴야 합니다. 특히 적의 위치는 반드시 확인해야 합니다. 적을 등지는 상황에서도 상대로부터 먼 발로 공을 받으면 괜찮으니 적극적으로 공을 받으려고 합시다.

1 공을 보며 인사이드로 왼쪽 트래핑. 2 가능한 한 원터치로 공의 방향을 바꾸자. 3 트래핑과 동시에 몸을 반전시킨다.

4·5 다음 플레이로 원활하게 이어지려면 볼 터치와 턴을 한 직후, 얼굴을 들어야 한다.

등으로 느껴라!

적을 등질 때는 공을 받기 전에 적의 움직임을 본다. 연습 때부터 습관을 들이면 좋다.

공 차기 / 받기

앞을 향해 트랩 하고 원투

자, 당신은 적을 등지고 있습니다. 혼자 할 수 있는 플레이는 공을 지키는 것이 다겠지요. 그런데 잘 생각해보면 그것만이 아닐 겁니다. 승부를 거는 선수라면 동료와 원투로 압박을 벗어날 수도 있습니다. 동료를 잘 이용하는 것도 뛰어난 선수의 조건입니다. 패스하고 달리기는 축구의 기본이라고 할 수 있습니다.

1 인사이드로 트랩. 이때 조금 물러서며 공을 세운다(이것이 동료에게 원투 패스하겠다는 신호) 2·3 적을 충분히 끌어들인 다음, 가능한 한 빨리 동료에게 패스.

4·5 패스하고 빠른 속도로 달린다. 재빨리 적 뒤로 달리면서 우리 편이 다시 내주는 패스를 받는다.

상대를 제치기

축구가 즐겁다고 느끼는 순간, 그건 적을 제칠 때죠!
조직에 묻히지 않기 위해서도 상대를 제치는 테크닉을 갈고닦읍시다.

보통 선수에서 특별한 선수가 되는 마법

'승부를 거는 선수가 되기 위해서' 1장에서는 여러 가지 기술을 배웠습니다. 정확하게 공을 받고 다루는 법, 공을 소유할 때 무릎을 깊게 굽히거나 자세를 낮게 유지해서 유연하게 움직이는 법, 공을 다룰 때 리듬을 넣기 등에 중점을 두었습니다. 무엇보다 앞에서 배운 페인트 연습을 꾸준히 했다면, 실전에서 빨리 써보고 싶은 마음이 가득할 겁니다.

자, 다음 단계입니다. 여러분이 꼭 해야 할 일은 실패해보는 것입니다. 공을 가지면 망설이지 말고 눈앞의 적을 제쳐봅시다. 실패를 두려워하지 말고 지금까지 익힌 기술을 써보세요. 또, 공을 빼앗아보세요. 그리고 뭐가 잘못되었는지 생각하세요. 여러 번 도전하다 성공했을 때가 가장 중요합니다. 그 감각이 남아 있는 동안에 또 도전합시다. 성공할 때까지의 도전과 성공한 후의 도전을 얼마나 할 수 있을지가 상대를 잘 제치는 선수가 되는 비결입니다. 공을 상대에게 빼앗기는 것은 자신에게도 팀에게도 마이너스일 겁니다. 하지만 정말 좋아하는 걸 하는 데는 그만큼 실패도 적지 않다는 걸 생각해야 합니다. 꼭 제치겠다는 뜨거운 열정을 갖고 있다면, 어느 정도의 실패는 견딜 수 있을 겁니다. 매력적인 축구를 구사하는 곳에선 골만 넣으면 OK라는 식은 아닐 테니까요.

특별한 선수가 될 수 있는 마법 같은 건 사실 없습니다. 계속 도전하다 보면, 상대를 제치는 마법(테크닉)을 부릴 수 있을 겁니다.

상대를 제치기
공 넘기

1 섬세한 볼 터치로 리듬 있게 상대를 향해 드리블한다. 2 목적은 더 안으로 들어가서 슛 하는 것이므로 발을 들어 페인트로 상대를 멈칫하게 한다.

5·6 상대가 멈추면 재빨리 오른발 아웃사이드로 공을 안으로 몰고 들어간다. 이때 공은 상대의 발이 닿지 않는 쪽으로 몬다.

상대를 제압하기 위해

상대 골문 근처에서 공을 다룰 때는 공간이 거의 없습니다. 이럴 때 효과적인 것이 페인트입니다. 섬세하게 드리블하다 페인트를 쓰면, 적을 멈칫하게 해서 슛으로 연결할 수 있습니다.

3 오른발로 공을 넘으면서 옆으로 돌파하는 것처럼 한다. 상대는 그쪽 공간을 막기 위해 앞으로 나온다. 4 오른발은 공을 넘어 땅에 내려놓는다.

7 공을 모는 순간, 속도를 올려서 안으로 들어간다. 8 안으로 들어가면서 다음 스텝에서 슛한다.

상대를 제치기
시저스

1 공은 몸 아래에서 오른쪽으로 오른발 인사이드로 굴려서 틈을 노린다. 2·3 자기 쪽에서 봤을 때 왼쪽(상대 오른쪽)으로 가야 하므로 오른발 인사이드로 원터치 한다.

6 시저스 했던 발을 공에서 되도록 멀리 착지한다. 7 다음 순간, 왼발 아웃사이드로 공을 왼쪽 대각선 앞으로 몬다. 몸은 자세를 낮춘다.

상대를 제압하기 위해

상대를 제치려면 우선 그라운드 전체를 시야에 넣읍시다. 첫 번째는 우리 편이 어디 있는지, 두 번째는 자신이 가고 싶은 공간이 비었는지 적이 있는지를 미리 확인해야 합니다. 세 번째는 주변에 자신을 도와줄 동료가 있는지 늘 확인하고 드리블 돌파하기 좋은 위치로 갑시다. 그렇게 하면 상대를 제친 뒤, 좋은 플레이로 연결할 수 있습니다.

4 왼발로 스텝을 밟아서 상대의 발을 묶는다. 5 다음 순간 오른발로 시저스를 구사해서 발로 공을 넘는다.

8・9・10 공과 상대 사이에 몸을 잘 넣어서 상대 발이 들어오지 않게 하면서 슛 또는 패스로 연결하자.

상대를 제치기

공 넘기 → 시저스

1·2·3 상대를 향해 드리블. 조금 떨어진 곳에서 바깥쪽으로 갈 것처럼 재빨리 오른발로 공을 넘어선다. 다음 동작을 상상하면서 상대와의 거리에 주의한다.

7·8 다음 순간, 이번에는 안(오른쪽)으로 방향을 바꿔 시저스를 구사한다. 9 시저스 한 오른발은 가능한 한 공 멀리 착지하자.

상대를 제압하기 위해

　이 페인트는 130쪽의 공 넘기와 132쪽의 시저스를 합친 기술입니다. 각각의 기술에 능숙해졌다면, 여러 기술을 조합해서 연습해봅시다. 축구만큼 자유롭게 자신의 창의력을 발휘할 수 있는 스포츠도 드뭅니다. 배운 것만 연습해서는 기발한 것이 나오지 않습니다.

4·5 발은 공을 넘은 뒤 착지한다. 6 공은 자기 오른쪽에 있다는 점을 주목한다.

10·11 왼발 아웃사이드로 공을 옆으로 몬다. 공과 상대 사이에 몸을 넣는다. 12 속도를 올려서 상대를 제치기.

상대를 제치기
더블 시저스

1 몸 왼쪽, 왼발로 공을 키프하고 몸 가운데, 상대의 눈앞에 왼발 인사이드로 가볍게 원터치 한다. 2 오른발로 스텝을 밟는다.

6·7·8 오른발로 시저스. 발은 큰 동작으로 공 앞을 거쳐 되도록 공에서 멀리 착지한다.

앞에서 시저스와 더블 시저스를 배웠습니다. 자기 것이 되도록 연습을 반복했다면, 공과 자신의 몸을 자유롭게 다룰 수 있을 겁니다. 이제부터는 자신의 기술로 상대를 압도할 수 있도록 합시다. 개인기 또는 원투 패스로 돌파하는 기술을 연습해봅시다.

3·4 우선 왼발로 공을 넘어서 시저스. 5 시저스 한 왼발이 착지하면, 오른발 아웃사이드로 공을 오른쪽으로 몰 것처럼 보여준다.

9 왼발 아웃사이드로 상대의 오른쪽, 대각선 왼쪽 앞으로 공을 몬다. 10 리듬 있게 시저스를 재빨리 2회 해서 상대를 멈칫하게 하고 다음 플레이로 연결한다.

상대를 제치기
플립 플랩

1 오른발 아웃사이드로 섬세하게 터치해서 상대 오른발을 향해 드리블한다. 2 섬세한 터치로 상대가 뒤로 물러서게끔 유도하면 좋다.

5 발을 지면에 닿게 하지 말고, 왼쪽 대각선 앞으로 공을 같은 발 인사이드로 방향을 바꾼다. 6 이때 상대 발이 닿지 않는 곳으로 공을 몬다.

플립 플랩(Flip Flap)은 보기보다 어려운 기술입니다. 플립 플랩을 경기 중에 성공시키려면, 테크닉보다는 **좋은 위치 선정과 상대의 움직임을 읽는 감각**이 필요하기 때문입니다. 그래서 상대를 제치는 마지막 기술로 설명하겠습니다. 이 테크닉을 연습하면서 상대를 속이는 법을 익힙시다.

3·4 상대의 움직임을 잘 보면서 아웃사이드로 오른쪽으로 빠져나갈 것처럼 보여준 뒤, 원터치로 공을 상대 앞으로 몬다.

7·8 발로 지면을 차서 단숨에 상대를 제치는 장면을 생각하면서 공을 앞으로 몰자.

상대를 제치기

제치는 방법 [정리]

상대를 제칠 때 유의해야 할 점을 정리하겠습니다. ①기술을 거는 데 필요한 간격을 파악한다. 특히 페인트를 쓸 때는 거리에 신경 써야 한다. ②상대의 발이 닿지 않는 곳으로 공을 몬다. 어렵게 생각하지 말고 늘 단순하게 생각하자. ③스피드의 변화. 한 동작을 같은 스피드로 취하지 말고 변화를 준다. ④주위의 동료를 이용한다. 돌파하는 데는 주위의 도움이 중요합니다.

시저스

1 시저스에서 제치기까지 공은 왼발로 다룬다. 상대의 발이 갖춰지면, 인사이드로 공을 원터치 한다. 2 오른발로 스텝을 밟아서 시저스로 상대를 멈칫하게 한다.

3 오른발 아웃사이드로 오른쪽 대각선 앞으로 공을 몬다. 4 적과 거리가 너무 멀면 페인트에 잘 안 걸리고, 너무 가까우면 커트당하기 쉽다.

인아웃

1 공을 소유하면서 간격을 좁힌다. 2 왼발로 스텝을 밟아서 무게중심을 무너뜨려 상대의 움직임을 멈추게 한다. 3 재빨리 오른발 아웃사이드로 공을 오른쪽 대각선 앞으로 몬다.

4·5·6·7 깔끔한 페인트에 스피드 변화를 준 동작으로 상대의 틈을 노리고, 재빨리 제쳐서 슛한다. 상대의 발이 닿지 않는 곳에 공을 몰자.

8·9 제친 뒤, 공에서 눈을 떼지 말고, 슛하는 타이밍을 놓치지 말자. 제친 뒤라도 늦으면 커트당한다.

상대를 제치기
원투 패스로 돌파

상대를 제치는 다른 방법으로 '원투 패스'가 있습니다. 드리블 후에 한 명 이상의 적을 제칠 때 유효한 수단입니다. 경기 중에 원투를 성공시키려면 드리블

돌파 기술은 물론이고, 공을 가진 동료의 의도를 미리 파악하는 능력이 필요합니다. 이 두 가지 요소를 갖추면 어떤 수비수도 두려워할 필요가 없습니다.

1 오른쪽 사이드에서 공을 받은 ①은 안으로 드리블해서 ②에 신호를 보낸다. 2 수비수를 충분히 끌어와서 오른발 인사이드로 강하게 ②로 패스한다.

3 ①은 (상대의 뒷공간으로) 직진한다. 공에서 눈을 떼지 말 것! 4 ②는 공을 따라가서 잡으면 ①로 다시 패스한다.

상대를 제압하기 위해

5 ②는 반드시 ①이 달리기 전에 공을 패스한다. 6 ①은 골문까지 거리를 고려해서 슛 또는 크로스를 선택하고 적의 유무에 따라 트래핑할지 순간적으로 판단한다.

7·8 여기에선 ①이 곧바로 ②에게 크로스했다. 달려온 위치에 따라 그대로 슛해도 무방하다.

9·10 달려온 ②가 다가오는 공의 속도에 맞춰서 슛한다.

상대를 제치기

원투 하는 척하다가 직진 돌파

드리블러에겐 원투 패스 활용을 특히 권합니다. 경기 중 수비수는 공을 빼앗기 위해 전력을 다합니다. 원투를 익힌 선수는 공을 가진 순간, 적을 확인하고 동료에게 시선을 보냅니다. 사실 그 시선이 페인트가 되어서 돌파로 연결할 수 있습니다. 원투를 연습하면 주위를 살피는 중요성을 깨닫게 됩니다.

1 오른쪽 사이드에서 공을 받은 ①은 안으로 드리블해서 동료 ②에게 원투 신호를 보낸다.
2 수비수에 대해 ②에게 패스를 보내는 척한다. ②는 ①의 패스를 받을 준비.

3 속도를 올려서 직진 돌파. 4 사이드에서 공을 받은 시점에 우선 자기 위치, 골키퍼 위치, 골문 위치, 적의 공간이 비어 있는지 확인한다.

상대를 제압하기 위해

5・6 골문 위치를 미리 파악(골키퍼가 있다면 골키퍼 위치도 파악)하고, 동료의 움직임을 살핀다.

7・8 공, 골키퍼, 적의 움직임과 위치를 잘 보면서 타이밍을 잡아서 슛하러 들어간다.

9・10 슛은 먼 쪽 사이드(반대 사이드)를 노려서 차자. 때로는 슛이 패스가 되어서 득점과 연결되기 때문이다.

상대를 제치기
원투 하는 척하다가 시저스로 돌파

원투에서 중요한 포인트는 공을 받는 쪽의 제2선수에게 있습니다. 제2선수는 여러 가지 플레이를 생각해야 합니다. 받은 패스를 리턴 패스할지 드리블할지 아니면 다른 선수에게 패스할지 판단해야 합니다. 우선 동료가 보내는 원투 사인을 알아보고 반응하는 것부터 시작하고, 패스가 오지 않아도 사진처럼 슛으로 연결합시다.

1·2 ①은 왼발로 안으로 드리블한다. 원투 타이밍을 만든다.

3·4 상대를 충분히 끌고 와서 왼발 아웃사이드로 ②에게 패스를 할 것처럼 하다가 시저스를 한다.

상대를 제압하기 위해

5·6 재빨리 오른발 아웃사이드로 공을 몰고 직선으로 움직인다. 이때 골문 앞으로 들어오는 동료의 움직임을 잘 보고 확인해두자.

7·8 공을 잘 보고 문전으로 들어오는 동료의 타이밍에 맞춰 크로스한다.

9·10 ②가 슛. ② 선수는 패스가 오지 않아도 가만히 서 있지 말고 다음 플레이를 생각하고 움직이는 게 중요하다.

골로 마무리 짓기

축구는 골이 목표입니다. 이기려면 하나하나의 플레이를 거쳐 골로 끝내야 합니다.

모든 플레이는 골을 넣기 위해 있다

여기에선 승부를 거는 선수가 되기 위해 가장 중요한 것에 관해 얘기하겠습니다. 여기까지 여러 개인 기술을 연습해온 선수라면, 공을 가졌을 때, 눈앞의 적을 제치고 골을 넣을 자신이 있을 겁니다. 실제로 드리블과 원투 패스로 적을 제친 적도 있겠지요. 그리고 전보다 더 골을 넣고 싶은 욕구가 강해졌을 겁니다. 그렇게 공격적인 선수로 성장한 여러분이 다음에 배워야 할 것은 골로 마무리하는 법입니다. 자신의 기술로 만든 기회를 어떻게 골로 연결하느냐가 제일 중요합니다. 상대를 제치는 것만으로 만족하는 선수는 되지 마십시오. 높은 수준에선 골 찬스가 자주 오지 않습니다. 적은 기회를 살리려면 어떤 위치에서든 어떤 각도에서든 어떤 발로든 슛할 수 있는 능력이 필요합니다. 그런 선수가 되려면 우선 골을 넣는 10가지 자질이 필요합니다.

①골을 계속 갈망할 것 ②늘 긍정적인 자세 ③아이디어 ④굿 타이밍 ⑤좋은 결단력 ⑥집중력의 유지 ⑦골문 앞에서 냉정함 ⑧의외성 ⑨반사신경과 감각 ⑩끈기

이 10가지입니다. 골이 주는 의미는 매우 커서 우리 편 선수들에게 활기를 줍니다. 반대로 찬스를 만들어놓고 득점을 놓치면 팀 분위기가 내려가고 나의 평가도 바뀔 수 있습니다.

프로의 세계에서 가장 중요한 것은 골이고, 성공의 척도이며, 성공한 자만이 살아남는 세계라는 점을 명심하세요. 여기서부터는 여러 가지 상황에서 슛하는 연습을 소개하겠습니다. 이 연습으로 골 감각을 갈고닦읍시다. 골대와 공만 있으면 바로 할 수 있습니다. 가능하면 친구와 서로 맞부딪치면서 즐겁게 연습하세요.

골로 마무리 짓기

횡패스를 원터치 슛

150

상대를 제압하기 위해

패널티 지역 부근에서 옆으로부터 온 패스를 원터치로 콘트롤해서 슛. 처음엔 적이 없는 상태에서 해보고, 익숙해지면 적을 붙여서 연습합시다. 포인트는 발 가까이 트랩 하지 않는 것. 가능한 한, 골문을 향해 크게 트래핑을 합시다.

1·2·3 공을 따라 달리면서 골문을 향해 공을 잡아놓는다. 이때 슛하기 좋은 코스로 잡아두는 것도 중요하지만, 공을 크게 앞으로 보내면서 빠른 속도로 적을 따돌리는 것도 중요하다.

4·5·6 절대로 속도를 떨어뜨리지 말고 공을 따라가서 슛한다. 슛은 늘 반대 사이드를 겨냥하자. 적에게 막힐 것 같으면 방향 전환 해도 좋다.

골로 마무리 짓기

발바닥으로 트랩 하고 슛

 페널티 지역 부근 왼쪽 사이드에서 슛. 페널티 지역 안의 움직임은 중요합니다. 골이 나는 곳이니까요. 승패를 결정짓는 플레이를 보여주는 선수야말로 매력 있는 선수라고 할 수 있습니다. 여기에서 설명하는 기술을 익히면, **공간이 없는 곳에서 적이 접근하기 전에 재빨리 슛할 수 있습니다.** 꼭 익혔으면 하는 기술입니다.

1·2 굴러오는 공을 받는다. 몸은 골문을 향하고 오른발로 잡을 준비를 한다.

3·4 오른발바닥으로 공을 굴리면서 나아간다.

상대를 제압하기 위해

5·6 공이 몸 바로 옆에 있기 때문에 만일 상대가 좁혀오더라도 공을 지키기 쉽다.

7·8 공간이 없을 때는 바로 슛해도 좋지만, 여유가 있으면 더 드리블해서 골문 근처까지 공을 몰고 가자.

9·10 빠르고 간결한 동작으로 슛하자. 상황에 따라서는 발끝으로 토킥 해도 좋다.

골로 마무리 짓기

뒤돌아서 슛

보통 슛하기 전에 골문을 보고 골키퍼 위치를 확인한 뒤, 차는 순간 다시 공을 봅니다. 이 연습은 뒤돌아서 슛할 때까지 골문을 볼 수가 없습니다. 그래서 미리 골문을 본 뒤, 예상해서 슛합시다. 자기 위치를 파악하고 감으로 슛하는 겁니다. 골문까지 거리와 상황을 머릿속으로 상상합시다.

1 골문 앞의 상황, 골키퍼의 위치를 미리 파악하고 라인 등으로 골문까지 거리를 예측한다.
2·3 뒤돌아서 슛하는 순간은 반드시 공을 볼 것!

골로 마무리 짓기

등지고 뒤돌아서 슛

　수비수를 등진 상태에서 패스를 받아 슛하는 연습입니다. 미리 파악한 정보를 바탕으로 문전의 상황을 머릿속으로 상상하면서 적의 발이 닿지 않는 쪽으로 공을 받은 뒤, 뒤돌아 슛. 페널티 라인 등을 보고 자기 위치를 미리 파악해서 머릿속으로 생각한 대로 슛하면 됩니다. 단, 수비수의 움직임은 파악해둘 필요가 있습니다.

1·2·3 공에 다가가서 몸과 팔을 쓰면서 적의 발이 닿지 않는 곳으로 공을 몬다. 이때 조금 뒤로 공을 몰아서 적에게서 떨어지면 좋다.

4·5·6 뒤돌아서 슛. 상대를 등지고 공을 받는 동작은 공격적인 선수에게 필수다. 재빨리 앞으로 향하는 기술은 뛰어난 선수의 조건 중 하나다.

골로 마무리 짓기

발리슛

1 뜬 공의 궤도를 눈으로 좇으면서 공이 떨어질 곳을 예측해서 다가선다. 2 떨어지는 공의 한가운데를 차기보다 밀어내듯이 맞춘다.

상대를 제압하기 위해

상대 팀이 수비에 치중할 때는 공중전을 해야 할 경우도 있습니다. 롱볼을 자주 올려서 헤딩 경합으로 직접 골을 노리거나 패스로 연결합니다. 그런 상황에선 헤딩으로 흘러나온 공을 바로 슛으로 연결할 수 있는 선수가 승리를 부릅니다. 경기 중 한 번 있을까 말까 한 찬스를 위해 늘 준비하고 있어야 골로 연결할 수 있습니다.

한 번 트래핑 후 슛

같은 발리슛이라도 날아오는 공의 방향과 높낮이에 따라 차는 법이 각각 다르지만, 공을 받는 법은 더 쉽게 연습할 수 있다. 발등이나 가슴으로 한 번 받고 슛하는 연습도 해보자.

3

3 마지막까지 공에서 눈을 떼지 말고 곧바로 발을 휘두른다. 연습이면 슛한 공의 궤도를 잘 보고 매번 수정해서 반복한다.

골로 마무리 짓기

1대1에서 슛 [간격과 슛 타이밍]

기본 테크닉과 적을 제치는 방법을 배웠다면, 1대1에서 슛하는 연습을 합시다. 포인트는 지체 없이 슛까지 가는 것입니다. 연습하는 중에 상대와의 간격을 파악하고 슛 타이밍을 잡아서 슛까지 자신만의 스타일을 만듭시다. 상대를 제치는 것에만 힘을 쏟지 말고 골을 넣는 데 신경을 씁시다.

1 왼쪽 대각선 앞에서 슛하기 위해 상대를 향해 왼발로 드리블한다. 2 공은 왼발로 몸 가까이 붙이면서 상대와 골키퍼, 골문의 위치를 확인한다.

3·4 왼발 인사이드로 오른쪽으로 빠져나갈 것처럼 하다가 공을 왼쪽에서 앞으로 몬다. 이때 상대의 무게중심을 오른쪽(상대가 볼 때 왼쪽)으로 이동시켜서, 왼쪽에 공간을 만든다.

상대를 제압하기 위해

5 인사이드로 공을 건드린 순간, 오른발로 스텝을 밟아서 상대를 멈칫하게 한다. 6 왼발로 공을 왼쪽 앞 공간으로 몬다. 7 간격을 충분히 둔다.

8·9·10 머리를 숙이지 않도록 하면서 몸은 앞으로 조금 낮춘 자세를 취한다. 슛할 수 있는 위치까지 적과 먼 발로 일직선으로 드리블하면 적은 발을 뻗을 수가 없다.

11·12 적을 제친 뒤엔 공에서 눈을 떼지 말아야 한다. 공을 잘 보고 슛 타이밍을 놓치지 않는 것이 중요하다. 여유가 있으면 골문을 보자.

골로 마무리 짓기

1대1에서 슛

[공을 수비수 발이 닿지 않는 곳으로 몬다]

자신만의 스타일을 만드는 데 성공했다면, 이를 살릴 플레이 존을 찾아봅시다. 아래 사진은 골문 왼쪽 약 45도에서 안으로 들어가서 슛하는 장면입니다. 이처럼 어떤 특정 위치에서 슛하면 높은 확률로 골이 나오는, 자신만의 존(Zone)이 있으면, 팀에서 가치 있는 선수가 될 수 있습니다. 간결하게 수비수 발이 닿지 않는 곳으로 공을 몰아서 좋은 슛을 할 수 있도록 연습합시다.

1 오른발 인사이드로 공을 끌듯이 드리블. 상대의 눈과 발을 보다 틈이 생기면 인사이드로 직진할 것처럼 움직인다. 2 왼발로 힘껏 스텝을 밟는다.

3·4 무릎을 부드럽게 굽혀서 방향을 바꿀 때 디딤발은 되도록 공에서 떨어뜨린다. 자세는 낮추고 아웃사이드로 공을 오른쪽으로 민다.

상대를 제압하기 위해

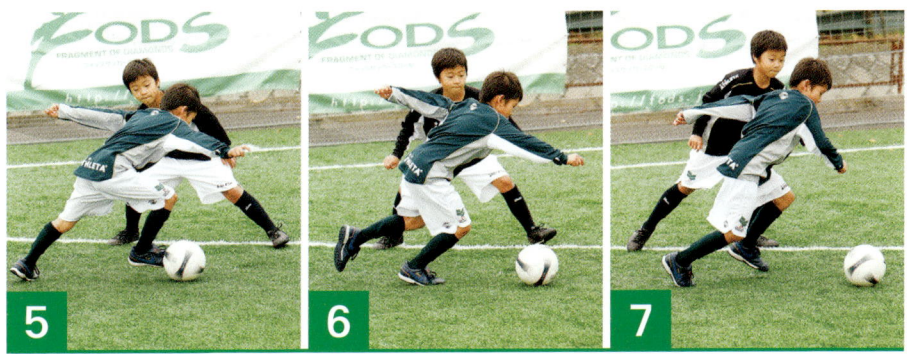

5·6·7 오른발 아웃사이드로 방향을 바꿀 때, 상대 발이 닿지 않는 곳으로 공을 몬다. 조금 물러서는 것처럼 하자.

8·9·10 상대가 슛을 막으러 오기 전에 재빨리 슛을 해야 하므로 공에서 눈을 떼지 말자. 슛 타이밍을 놓치면 안 된다!

11·12 상대 발이 들어오면, 다른 틈을 노리거나 인프런트로 커브를 먹여서 먼 쪽 사이드 (반대쪽 사이드)를 노리는 등, 여러 가지 슛을 시도해보자.

골로 마무리 짓기

1대1에서 슛 [페인트]

자신 있게 슛할 수 있는 곳을 찾았다면, 더 강한 마크를 당했을 때 골을 넣을 수 있도록 페인트를 넣어 연습합시다. 경기에서 똑같은 상황이 나오진 않지만, 비슷한 장면이 나오면, 지금까지 연습한 것 중 가장 좋은 플레이를 선택하면 됩니다. 경험을 위해 실전에서 자주 차봅시다.

1 왼발 아웃사이드 드리블로 공을 안으로 몬다. 2 속도를 올리면서 슈팅 존으로 몰고 간다.

3 왼발로 슛할 것처럼 킥 페인트를 걸어서 상대 발이 나오게 한다. 4 순간적으로 상대가 멈칫할 때, 곧바로 아웃사이드로 공을 몬다.

상대를 제압하기 위해

5·6·7 킥 페인트로 상대한테서 조금 떨어지는 데 성공했다면, 슛 동작으로 들어간다.

8·9·10 공과 상대 사이에 몸을 넣어서 디딤발을 들여놓는다. 때로는 팔로 상대 몸을 막는 방법도 쓴다.

11·12 디딤발을 강하게 놓고 자세를 잡아서 재빨리 공을 찬다. 페인트는 상대를 제치기 위해 쓰는 것이 아니라 슛 기회를 만들기 위해 쓴다.

지도자와 보호자에게

승부를 거는 선수를 키웁시다

메시, 호날두, 음바페, 네이마르를 꿈꾸는 아이들

아이들에게 가장 좋아하는 선수를 물어보면, 많은 아이가 메시, 호날두, 음바페, 네이마르를 얘기합니다. 하지만, 그렇게 말했던 아이가 운동장에 서면 드리블보다 패스를 선택해버립니다. 메시, 호날두, 음바페, 네이마르를 좋아한다면서 플레이는 그들과 전혀 다른 거죠. 왜 다들 메시, 호날두, 음바페, 네이마르를 좋아할까요? 그걸 먼저 생각해봅시다.

메시, 호날두, 음바페, 네이마르는 왜 인기가 있는가?

· 매력적이고 개성적인 기술을 갖추고 있다.
· 창의적인 축구를 한다.
· 드리블로 상대를 제치는 플레이가 뛰어나다.
· 사람들이 잊을 수 없는 장면을 자주 만들어낸다.
· 무엇보다 골을 넣는 능력이 탁월하다.
· 그 선수에게 공이 가면 특별한 장면이 나올 것 같아 기대가 된다.
· 상대에게 강하게 마크당해도 스스로 타개할 수 있는 능력을 갖추고 있다.
· 경기 승패를 결정짓는 장면에서 당당하게 자기 플레이를 펼친다.
· 번뜩임이 있고 침착하며 자신 있고 대담하다.

위의 내용으로 결론을 내리자면, 아이들이 동경하는 월드클래스 선수가 경기에서 돋보이는 까닭은 그 선수의 개인 능력이 승패를 결정하기 때문입니다.
그건 경기 중 적절한 장면에서 개인기를 효과적으로 구사할 수 있다는 얘기입니

그건 경기 중 적절한 장면에서 개인기를 효과적으로 구사할 수 있다는 얘기입니다. 또한, 그런 플레이가 팀에서 허용되기 때문에 그런 지위를 유지할 수 있는 겁니다.

그럼 승부를 거는 선수가 되려면 무엇이 필요할까요? 아래 세 가지 개인 능력이 필요합니다.

(1) 기술(테크닉)
(2) 이해력(생각하는 힘)
(3) 멘탈(강한 정신력)

이를 바탕으로 선수들에게 전하고 싶은 말은 "먼저 공을 지배하고 그다음, 상대를 지배하라"는 것입니다.

첫 번째로 정확한 볼 테크닉을 익히는 것부터 시작해야 합니다. 경기 중 일어나는 온갖 상황을 넘어서려면 한 사람 한 사람에게 자신감과 개성 있는 플레이가 필요합니다. 그래서 테크닉을 갈고닦아야 합니다. 축구는 다른 스포츠보다 공을 가진 선수에게 더 많은 선택의 자유가 있습니다.

그러나 많은 선수가 더 간단한 방법을 선택합니다. 아무런 생각 없이 패스를 하는 거죠. 그건 예상 이상의 압박을 느꼈을 때, 실패가 두려워서 할 수 없이 택하는 방법이죠. 이런 위기 상황을 넘기려면 멘탈, 즉, 강한 마음가짐이 기술과 함께 필요합니다. 실패를 두려워하는 마음을 넘어서야 상대를 지배하고 매력적인 축구를 할 수 있다고 저는 믿습니다.

축구를 즐기자

승부를 거는 선수가 되는 데 필요한 세 가지를 설명하겠습니다. 우선 축구를 즐겨야 합니다. 축구가 즐겁지 않으면 계속하기도 어렵고 실력이 좋아질 수도 없기 때문입니다. 우선 '축구를 즐긴다'는 것이 뭔지 설명하겠습니다.

축구를 즐긴다는 것은?

(1) 플레이 자체를 즐기려는 욕구

이건 단지 공을 차고 싶다는 욕구(혼자 또는 마음이 맞는 친구랑)이며, 자신의 플레이에 대한 개인적 만족입니다. 남에게 평가받고 싶지도 않고 남을 평가하지도 않는 경우라고 할 수 있습니다.

(2) 친화적인 욕구

조금씩 익힌 기술을 실전에서 써보고 싶다는, 자연스러운 욕구입니다. 구체적으론 팀에 들어가고 싶다는 것이죠. 팀과 함께 승리를 맛보는 즐거움을 원합니다.

(3) 능력의 표현

자기 가치관을 만족하는 즐거움입니다. 이기고 지고가 아니라 자기 자신의 플레이, 퍼포먼스, 경기 내용에 관해 만족했는지 아닌지로 즐거움을 얻으려는 것이죠. 때때로 올바른 평가를 원하기도 합니다.

아이들은 위와 같은 프로세스를 통해 '축구의 즐거움'을 알게 됩니다. 그럼 축구가 즐거워지는 데 필요한 요소는 무엇일까요? 그건 (1)의욕 (2)자신감 (3)코치입니다.

(1) 의욕을 불러일으키려면?

①자신 있어 하는 플레이를 더 발전시킨다.
②부족한 기술을 어떻게 하면 보강할지 알려준다.

기술이 부족해서 경기가 안 풀리는 상태가 이어지면, 발전은커녕 가장 중요한 마음가짐도 성장하지 못합니다. 트레이닝이 좋은 결과를 만들지 어떨지는 본인 마음속에 있는 의욕에 달려 있습니다. 그래서 마음속 변화에 신경 써야 합니다. 선수의 마음은 축구에서 중요하기 때문에 의욕을 불러일으켜야 합니다.

선수는 플레이가 잘 되면 기분이 좋아져서 적극적으로 움직입니다. 그래서 우선 중요한 것은 성취감을 맛볼 기회를 만드는 것입니다. 가능하면 공을 활용한 트레이닝으로 의욕을 불러일으키는 게 중요합니다. 아이들은 게으르지 않습니다. 마음속에선 누구나 잘하는 선수가 되고 싶어합니다. 그런 어린 선수들이 몰입할 수 있는 트레이닝을 제안하는 것이 무엇보다 중요합니다.

(2) 자신감이란?

어떤 면에서 보면 축구는 실수가 많은 스포츠라고 할 수 있습니다. 축구에서 실수는 늘 따라오는 법입니다. 이런 성향의 스포츠에선 자신감 있는 선수만이 경기에 나설 수 있습니다. 가령 긴박한 경기에서 결정적인 골 찬스를 허공으로 날렸다고 합시다. 다음 찬스에서도 똑같이 슛할까요? 아니면 동료에게 패스할까요? 혹은 골키퍼까지 제치고 슛만 하면 골인 상황에서 수비수에게 공을 빼앗겨서 기회를 놓친 선수가 다음에도 드리블 돌파를 선택할까요?

이는 모두 자신감에 좌우됩니다. 실패를 두려워하면 아무것도 해낼 수 없습니다. 선수는 테크닉을 마스터한 것만으로도 의욕이 생기고 자신감으로 눈이 반짝이며 대담해집니다. 자신감 넘치는 선수를 키우려면 공격적인 볼 테크닉을 가르치고 더 많은 성공의 경험을 맛보게 해야 합니다. **자신감이란 자신의 테크닉을 믿는다는 뜻입니다.**

(3) 코치(트레이너)하는 데 필요한 것은?

축구를 즐겁게 하는 요소 중 가장 비중이 높은 것은 '코치'입니다. 여기서 코치란 팀에 있는 감독이나 수석코치를 말하는 게 아니라 축구를 가르쳐준다는 의미입니다. 세심한 코치를 통해 그 선수의 축구가 크게 바뀔 수 있습니다.

그럼 어떤 코치가 축구를 즐겁게 할까요? 유소년 지도자의 자질이란 무엇일까요?

①구체적으로 가르치는 방법과 기술을 알고 있다(효과적인 연습 방법에 관한 지식).
②끈기 있게 가르친다(인내력).
③평범한 선수에게 테크닉을 잘 가르칠 수 있다(논리적·분석적 사고).
④보통의 소질, 또는 그 이하의 소질을 가진 선수의 처지를 이해할 수 있다(선수의 성장 과정에 관한 지식).
⑤선수에게 자신감을 불어넣고 몰두하게 하는 힘을 갖고 있다(동기부여 하는 능력).
⑥현재에 집중하도록 도울 수 있다(과거에 얽매이거나 미래에 대해 너무 걱정하지 않게 한다).
⑦긴장을 풀게 하고 집중할 수 있는 분위기를 만들 수 있다(선수는 편안한 상태에서 집중해야 트레이닝 효율이 올라간다. 반대로 너무 긴장하면 생각이 많아진다).
⑧트레이닝의 난이도를 선수의 기술 수준과 일치하도록 메뉴를 만들 수 있다.
⑨성공의 이미지를 심어줄 수 있다(반복에 반복, 하나씩 하나씩)
⑩강요하지 않고도 자주성을 키워줄 수 있다(아니라고 생각하면, 실시했던 트레이닝을 바로 그만둘 수 있다).
⑪축구에 대한 정열과 성실함을 갖추고 있다.

위 조건을 갖춘 유소년 지도자 중 뛰어난 지도자란 어떤 모습일까요? 우선 축구에 관해 너무 전술적인 이야기를 하지 않는 겁니다. 지도할 때는 '센스'에 관해 말해야 합니다. 다음은 자기 자신을 알고 쉽게 포기하지 않는 겁니다. 그리고 경기 중에 상대를 드리블로 제칠 때 어떤 느낌이 드는지, 상대로부터 공을 빼앗을 때 어떤 기분인지 그런 감각을 알고 있는 것이 중요한 조건입니다. 드리블로 골키퍼를 제치고 골을 넣어본 적이 없는 사람은 그 기쁨을 알 수 없기 때문입니다.

축구 경기에서 곤란한 상황에 빠졌을 때, 자신의 기술로 그것을 극복하고 팀을 승리로 이끈 경험이 있는 지도자가 그 비결을 전할 수 있다고 생각합니다.

그리고 아이들 자신이 테크닉을 익혀서 창의성 있는 선수가 되기를 열망할 때는 지도자 자신이 그 테크닉을 마스터해서 시범을 보일 필요가 있습니다. 간단한 일이 아니지만, 자신이 익힌 것은 꼭 가르치고 싶어집니다. 테크닉을 익히려고 열심히 노력한 경험이 없으면, 아이들에게 그 연습이 왜 필요한지 이해시키기가 어렵습니다. 선수로서 우수했던 사람이 지도자가 되어 남을 가르치게 되면, 잘 못 가르치는 일이 자주 있습니다. 타고난 재능이 있었던 사람일수록 기술을 익히기 위해 많은 노력을 기울여야 하는 평범한 사람의 처지를 잘 이해하지 못하기 때문이죠. 그래서 힘들게 노력해서 테크닉을 배운 사람 쪽이 좋은 지도자가 되는 경우가 많습니다. 그 경험이 있는 지도자는 선수의 의욕을 불러일으키는 능력도 갖추게 됩니다. 천재가 아니어도 테크닉은 익힐 수 있다고 아이들에게 이해시킬 수 있으니까요. 그러려면 지도자 자신부터 노력하는 모습을 보여줘야 합니다.

테크닉을 익히면 그걸 쓰고 싶어서 자연스럽게 축구를 하게 됩니다. 이때 잊지 말아야 할 점은 모두 함께하는 연습뿐 아니라 아이에게 과제를 줘서 혼자 있을 때도 연습하는 습관을 들이게 해야 한다는 겁니다. 축구는 <u>스스로</u> 하는 연습이 매우 중요하며, 능숙해지는 지름길입니다.

이렇게 육성된 아이들에게 더 공격적인 능력을 키워주려면 지도자가 함께 뛰면서 필요한 기술을 운동장 안에서 보여주는 것이 중요합니다. 이게 가능하다면 남은 건 축구를 즐기는 일뿐입니다.

축구의 본질을 생각해보자

아무리 뛰어난 선수라도 축구는 혼자 할 수 없습니다. 축구란 11명이 하는 스포츠이고 11명의 상대가 있어야 성립합니다. 경기엔 심판이 필요하고 관중이 있다는 사실도 잊지 마십시오. 축구는 팀과 팀이 싸우는 '팀 스포츠'입니다.

　여기서 이해해야 할 것은 '팀플레이'와 '개인플레이'입니다. 제가 생각하는 트레이닝 플랜은 늘 실천을 상정하고 진행하는 연습입니다. 테크닉이 부족한 선수는 아무것도 할 수 없기 때문에 경기에 나와도 팀플레이가 불가능합니다. 팀플레이를 하려면 우선 개인 스킬을 익혀야 합니다. 하지만, 일부에서는 이 순서가 반대인 경우가 있습니다. 팀플레이를 우선시하고 개인플레이를 억제하는 팀이죠. 그런 팀에선 재능 있는 아이가 개인기를 부리다 실수하면, 크게 혼나곤 합니다. 그 결과, (1)골을 넣을 수 있는 선수, (2)아이디어와 창의력 있는 선수가 사라집니다. 축구의 즐거움과 매력은 아이디어와 즉흥성에서 나온다는 걸 생각하면, 아쉬운 일입니다.

　그리고 많은 유소년팀의 트레이닝에서 개인의 능력을 살리는 걸 고려하지 않습니다. 다들 개인의 스킬을 높이는 트레이닝이 중요하다는 걸 알면서도 경기에선 팀플레이만을 강요합니다. 압박이 없는 상태에서도 공을 다루는 게 능숙하지 않은 선수는 팀을 위해 드리블 등을 삼갈 수도 있습니다. 이런 선수는 경기 중에 압박을 강하게 받으면, 불편해서 동료에게 패스하거나 전방으로 길게 차겠지요.

　경기장 안에선 모두 노력을 기울이지만, 팀에 따라선 노력해도 평범한 선수가 되는 경우도 많습니다. 공이 오면 바로 패스하고 체력을 앞세워서 차고 달리는 축구만 하다 보면, 그런 능력만 길러집니다. 물론, 개인이 아닌 팀으로 움직이는 건 중요합니다. 하지만 유소년 시기부터 그런 축구만 해서는 번득이는 개성을 만들어낼 수 없지 않을까요?

　특히 공격 플레이에서 팀의 승패를 결정짓는 것은 한두 선수의 기술인 경우가 많습니다. 어떤 시스템, 전술, 팀이든 결국 선수의 기술에 달렸고, 이것이

축구의 본질이라고 생각합니다. 따라서 축구에서 팀의 힘이란 개인의 힘(개성)이 모인 것이어야 하지 않나 싶습니다.

어린 시절의 축구

유소년 축구에서 90분 성인 축구로 넘어오면, 세계 수준과 동떨어진 현실을 볼 수 있습니다.

이렇게 된 원인 중 하나는 12세 이하 축구에서조차 '승리에 대한 중압감'이 있어서입니다. 승리를 위한 지도가 우선시되고 기술과 개성을 키우는 지도가 뒷전이 되는 경우가 곧잘 보입니다. 축구는 자기가 생각한 것을 그라운드 위에서 표현하는 스포츠입니다. 그럼에도 어릴 때부터 표현 욕구를 자제시키는 것은 그 선수에게 장래 마이너스가 됩니다. 많은 지도자가 이기기 위해 스피드를 지나치게 강조하는 경향이 있습니다. 어린 선수의 스피드는 키와 마찬가지로 크면서 좋아질 수 있습니다. 어린 선수에게 더 강조해야 할 것은 머리를 써서 온갖 상황에 대응하며, 망설이지 말고, 침착하게 움직이라는 것입니다. 그리고 어른이 되었을 때는 성인 축구에서 통용되는 플레이를 생각하면 됩니다.

어린 시절엔 지나치게 성적이란 결과에 연연할 필요가 없습니다. 유소년 단계에서 결과보다 중요하다고 여기는 목표가 있다면, 승패는 그리 중요하지 않을 겁니다.

개인의 힘을 키운다

축구를 하면서 즐겁다고 느끼는 순간은 자기 힘으로 상대를 제치고 골을 넣었을 때가 아닐까요. 관중도 개인이 창의적인 플레이로 승리하는 장면을 보고 즐거워합니다. 그런 선수가 드리블로 페널티 지역으로 돌진할 때, 관중은 흥분합니다. 축구를 즐기려면 개인의 힘(기술)을 키워야 합니다.

어린 선수들은 축구를 즐기면서 개인기를 익혀야 합니다. 그러면 아이들은 더 높은 수준을 즐길 수 있으며 더 주목받는 선수가 될 수도 있습니다. 설령 꿈이 멀어지더라도 축구를 평생 즐길 수 있지 않을까요.

모든 선수에게 정말 필요한 것은 기술 트레이닝입니다. 자신에게 공이 왔을 때, 상대가 강하게 마크하면 공을 빼앗기는 게 두려워서 할 수 없이 동료에게 패스하지 않도록, 스스로 어려운 상황을 극복하는 능력을 갖춰야 합니다.

스포츠에서는 특정 테크닉이 완전히 자기 것이 될 때까지 날마다 반복해서 연습하는 것이 상식입니다. 그래야 기술을 습득했다고 할 수 있습니다. 그리고 축구만큼 테크닉이 다양한 스포츠는 없다고 합니다만, 축구 기술 습득이 어렵기만 한 것은 아닙니다. 기본은 흉내를 내는 것입니다. 축구에 흥미를 느낀 아이는 자연히 잘하게 됩니다. 지도와 상관없이 축구선수를 보고 흉내 내면서 스스로 테크닉을 익히기 때문입니다.

그러나 좋은 본보기는 필요합니다. 가령, 높은 수준의 기술을 갖춘 지도자가 눈앞에서 시범을 보여준다든가요. 그러면 아이는 시범을 보고 따라 하면서 기술을 익히려고 노력합니다. 주위에서 시범을 보여줄 코치나 선수를 찾으면 좋습니다.

(1) 지도자(시범을 보여줄 사람)가 반드시 짧게라도 요령을 설명한다.
(2) 직접 시범을 보여준다.
(3) 아이가 따라 해보게 한다.
(4) 잘못된 부분이 있으면 고쳐준다.

(1)에서 (4)의 순서를 거쳤다면, 배운 기술을 실전에서 써먹게 합시다. 공을 받으면 바로 패스하는 게 아니라 배운 기술을 꼭 써야 하는 룰을 줍니다. 기술을 익힌 아이는 그걸 써보고 싶어 합니다. 잘 지켜보고 있다가 성공하면, 꼭 말로 격려합시다. 그러면 아이는 축구를 더 좋아하게 되겠지요.

어린 선수들은 무조건 드리블해서 골을 넣기를 원합니다. 배운 개인기를 실전에서 계속 구사하다 보면, 따로 노력하지 않아도 축구를 이해하고, 경기에서 개인기가 어떤 의미인지 깨닫게 됩니다. 예를 들어, 패스 타이밍, 공을 받는 움직임, 드리블하기 위해 주위를 살피는 습관 등 개인기를 펼치기 위한 동작들이 어떻게 골과 연결되는지 느끼게 됩니다.

개인기 없이는 매력적인 선수가 될 수 없습니다. 매력 있는 선수는 배운 개인기를 쓸 위치와 타이밍을 잘 알고 있습니다. 또한, 상황 판단과 위치 선정이 뛰어납니다. 페널티 지역 안은 공간이 거의 나지 않아서 더 높은 수준의 개인기가 필요합니다. 슛할 시간도 공간도 없어서 선수의 빠른 판단이 무엇보다 중요합니다. 아울러 유념해야 할 점은 공을 가진 동료가 패스하려고 할 때, 내가 어느 타이밍에서 어떻게 움직여야 할지, 공이 발 쪽으로 올지 앞 공간으로 올지 등을 미리 파악해야 한다는 것입니다. 선수 각자에게 아무리 뛰어난 테크닉이 있어도 경기의 흐름을 바꾸는 것은 패스입니다. 개개인의 힘을 발휘하려면 정확한 패스, 특히 강하고 빠른 패스가 승패를 결정합니다. 빠른 패스워크로 템포를 만들고, 페널티 지역 부근에서는 개인의 힘으로 돌파를 시도해야 합니다. 그런 축구가 관중을 매료시키고 승부를 거는 선수를 키웁니다.

'개인의 힘=테크닉'은 선수에게 힘과 자유를 줍니다. 축구선수는 개인의 힘을 키워서 테크닉이란 무기를 장착하고, 그것을 살릴 위치와 타이밍을 알아야 합니다. 매력적인 축구엔 개인의 힘이 필요합니다.

끝으로, 축구는 자신과 남을 즐겁게 하기 위해 존재한다는 사실을 기억했으면 합니다.

마지막으로 전하고 싶은 말

축구를 즐기려면 익혀야 할 테크닉이 있는데, 중요한 것은 그것을 익히려는 의욕입니다. 그 의욕이야말로 재능의 하나입니다.

어린 선수들에게 틀에 박힌 연습을 억지로 시키고 싶진 않습니다. 어떤 획기적인 트레이닝보다는 자신이 생각하는 플레이를 마음대로 펼치며 공을 자유롭게 다루는 데 필요한 기술을 가르치고 싶습니다. 팀플레이는 당장 중요하지 않습니다. 아이들에겐 드리블로 상대를 제치는 기쁨과 골을 넣는 재미를 느끼게 하고 싶습니다. 3대3, 4대4, 5대5 같은 소수로 경기를 하면, 공을 잡을 기회가 늘어나서 더 좋겠지요.

8살이 넘어가면, 하루에 몇 시간 정도는 볼 테크닉, 페인트 등의 기술을 연습합시다. 축구를 즐거워한다면, 처음에 잘 안 되더라도 금방 극복할 겁니다. 우리 지도자들이 아이들 곁에 있는 것은 못 하는 걸 할 수 있게 돕고, 지금 연습이 중요하다는 걸 깨닫게 하기 위함입니다. 연습을 반복하는 사이, 자신이 붙을 겁니다.

어린 선수도 시간이 지나면 결과를 내야만 할 때가 반드시 올 겁니다. 하지만 그때까지는 '결과'보다 '어떤 축구를 하고 싶은지?'라는 물음에 대해 자신만의 답을 찾

어린 선수의 자세

① 규율은 스스로 만들어서 지킨다.
② 상식보다 떠오른 아이디어를 플레이에 반영한다.
③ 머리로 생각만 하지 말고 직접 해본다.
④ 실패를 두려워하지 말고 도전한다.
⑤ 동료와 경쟁하기보다 서로를 키워준다.
⑥ 좋은 라이벌을 찾는다.

았으면 합니다. 틀에 박히지 않고, 시행착오를 겪으면서 기존의 상식을 뒤집는 축구를 시도했으면 합니다.

  이 책에서 설명한 것들은 축구를 즐기는 데 도움이 될 겁니다. 그러나 이 책의 내용도 수많은 방법 중 하나에 지나지 않습니다. 이제 이 책을 덮고 자신의 직감을 따라서 상상력을 발휘해 축구를 하길 바랍니다.

호사카 노부유키

축구 잘하는 법
어린이를 위한 축구 기술 입문

SUPERVISOR
Hosaka Nobuyuki

PUBLISHER / EDITOR / DESIGNER
Kim Yeonhan

PHOTOGRAPHER
Futami Yuji, Fuchimoto Tomonobu

'SOCCER KOZO' NI YOMASETAI HON
supervised by Nobuyuki Hosaka
Photographs by Yuji Futami, Tomonobu Fuchimoto
Copyright © 2010 STUDIO TAC CREATIVE CO., LTD
All rights reserved.

Original Japanese edition published
by STUDIO TAC CREATIVE CO., LTD, Tokyo.

This Korean language edition is publishd
by arrangement with STUDIO TAC CREATIVE CO., LTD,
Tokyo in care of Tuttle-Mori Agency, Inc., Tokyo
through BC Agency, Seoul.
Korean Translation Copyright © 2018 by GRIJOA FC

이 책의 한국어판 저작권은 BC 에이전시를 통한 저작권자와의
독점 계약으로 그리조아FC에 있습니다.
저작권법에 의해 한국 내에서 보호를 받는 저작물이므로
무단전재와 복제를 금합니다.

펴낸날 | 초판 1쇄 2018년 7월 31일
　　　　 2쇄 2019년 4월 30일
　　　 개정 1쇄 2022년 5월 11일
　　　 개정 2쇄 2023년 4월 5일
　　　 개정 3쇄 2025년 6월 15일
지은이 | 호사카 노부유키
펴낸이 | 김연한
펴낸곳 | **GRI.JOA**FC(그리조아FC)
※ GRIJOA FC는 GRIJOA의 축구책 전문 브랜드입니다.

엮은이 | 편집부
디자인 | 김연한, 코지마 신야, 세키 아유미
사　진 | 후타미 유지, 후치모토 토모노부
그　림 | GAHAG
주　소 | 인천시 계양구 당미5길 7 102-501
팩　스 | 070-8824-9844
이메일 | fc@grijoa.com
웹사이트 | www.grijoa.com
출판등록 | 2013. 9. 4 제25100-2012-000005호

한국어판 ⓒ 그리조아FC, 2018, Printed in Korea.
ISBN 979-11-89460-01-3

• 책값은 뒤표지에 있습니다.
• 파본은 구입하신 곳에서 바꾸어 드립니다.

경 고　WARNING

이 책에 실린 내용은 프로 지도자의 감수를 거쳐 구성되었습니다. 이 책에 실린 기술을 익히다 나올 수 있는 안전상의 문제는 모두 개인의 주의력에 달려 있습니다. 따라서 훈련 시의 부상, 사고에 대해 당사는 어떠한 보상도 할 수 없습니다. 모든 리스크는 개인이 부담해야 한다는 점에 유의하십시오. 아무쪼록 조심하면서 훈련해주세요.